Paterno

Vom Sinn des Lebens

Paterno
Vom Sinn des Lebens

Nachgefragt von Martin Zimper

Amalthea

in der F. A. Herbig Verlagsbuchhandlung GmbH,
Wien · München

Umschlaggestaltung: Wolfgang Heinzel
Umschlagbild: Dr. Gerhard Schnabel, Mödling
Herstellung und Satz: VerlagsService Dr. Helmut Neuberger
& Karl Schaumann GmbH, Heimstetten
Gesetzt aus der 12/15,5 Punkt Caslon
auf Apple Macintosh in QuarkXPress
Druck und Binden: Wiener Verlag, Himberg
Printed in Austria
ISBN 3-85002-412-1

Inhalt

Von der Idee dieses Buches

Dies ist ein Buch über den Glauben. Wenn Sie weiterlesen, lassen Sie sich auf einen Dialog über die wesentlichsten Fragen des Glaubens am Ende des zwanzigsten Jahrhunderts ein.

Es gibt, bei allem Auf und Ab in der katholischen Kirche, in dieser Institution auch heute noch Persönlichkeiten, die selbst Kritiker beeindrucken oder doch zumindest sympathisch berühren. Ich glaube, daß Kaplan August Paterno für viele Christen in Österreich ein solcher Sympathieträger ist. Sogar jene, die über die Kirche und einige ihrer Würdenträger negativ denken und reden, würden sich gerne mit einem wie Paterno an den Tisch setzen und diskutieren.

Überhaupt spüre ich, daß bei vielen Menschen die Sehnsucht nach einem Priester, mit dem man plaudern kann, vorhanden zu sein scheint. Oft sind das Menschen, die leider keinen direkten Kontakt mehr zu einem Priester, zu einem »Mann Gottes«, haben. In der Großstadt, aber auch in den kühlen Bauten der ländlichen Wohnbaugenossenschaften verliert sich der Kontakt zwischen den Menschen – nicht aber ihre Sehnsucht: ihre Suche nach dem Sinn des eigenen Lebens und ihr Sehnen, diesen Sinn zu finden.

Wer dem Kaplan aufmerksam zuhört, wird erkennen, daß er ein Sensorium für diese Sehnsucht hat. Er behauptet, daß noch nie soviel Sehnsucht in der Welt war. Trotzdem haben es die Botschafter des katholischen Glaubens heute schwer.

Der Ausgangspunkt für dieses Buch ist der eines Gesprächs zwischen einem neugierigen Schüler und einem weisen Lehrer. Ich betone das deshalb, weil man mir, dem Fragesteller, sehr leicht Unbedarftheit und Kritiklosigkeit unterstellen könnte. Es geht aber in diesem Gespräch nicht darum, etwas aufzudecken oder in Wunden zu wühlen, sondern es geht in erster Linie um den Glauben – den einfachen und gerade deshalb so schweren Glauben, um den auch ich mich in meinem eigenen Leben immer wieder bemühen muß.

Mir gegenüber sitzt ein älterer, noch immer sehr spitzbübischer Herr, der seit fast drei Jahrzehnten zum Priester geweiht und seit mehr als sechzig Jahren mit den eigenen Lebensfragen und den Sinnfragen der Menschen beschäftigt ist. Ihm möchte ich die Fragen stellen, die viele von uns, die glauben oder glauben wollen, beschäftigen. Sie und ich erhalten die Gelegenheit, einem Mann zuzuhören, der sich in die Schlucht des Priesterseins geworfen hat, wissend und darauf vertrauend, daß er in dieser Schlucht von Gottes Hand aufgefangen wird; der sich nie in den manchmal sehr bequemen Innenräumen der Kirche einquartiert hat, sondern der immer nach draußen gegangen ist, bei Regen und Schnee und bei Donnerwetter. Und der draußen selbst bei schlechter Witterung immer die Sonne ausgestrahlt hat, die in ihm leuchtet.

Daß aus Kaplan August Paterno ein Medienstar Österreichs geworden ist, liegt zum einen sicher auch an dieser sonnigen Ausstrahlung, zum anderen aber an seiner Echtheit. Er ist so, wie er am Fernsehbildschirm wirkt. Er verstellt sich nicht, dieser Gustl Paterno aus Bregenz, dem einige Oberflächlichkeit und Naivität vorwerfen, an dem aber viele andere den einfachen, festen Glauben bewundern. Wie aus unserem Gespräch deutlich hervorgeht, ist sein Glaube keineswegs naiv, sondern theologisch bestens geschult und philosophisch oft hinterfragt – auch durch kritische Lektüre: Camus und Sartre stehen im Bücherschrank des Kaplans.

Was auffällt und eindrucksvoll zurückbleibt, geradezu als Lehrsatz oder Moral, ist die Tatsache, daß der christliche Glaube im Grunde etwas ganz

Einfaches ist. Selbst nach jahrelangem Studium, nach endlosen Diskussionen bleibt die Frage, was wir Christen von diesem Jesus Christus halten, der einst predigend durch das Heilige Land gezogen ist. Haben wir auch nur einmal in unserem Leben das Glück, in ihm persönlich den Sohn Gottes zu erkennen und zu bejahen, zehren wir ein Leben lang davon.

Das ist auch eine der Botschaften Paternos: »Denk' an Christus, wer er war und wie er war. Orientiere Dich daran und Du wirst Dein Leben bis ans Ende Deiner irdischen Tage meistern.« Das ist nicht naiv, das ist tiefer Glaube. Mir galt es, diesen Glauben mit ihm zu diskutieren, und so manchen Stein oder gar Felsen, der auf dem Lebensweg jedes Menschen liegt, anzuschauen und zu analysieren. Wegschaffen muß ihn jeder selbst, das habe ich aus dem Gespräch gelernt – und: man darf sich erlauben, manche Brocken nicht ganz so ernst zu nehmen!

Zusammenfassend möchte ich betonen, daß es mir in diesem Buch um den christlichen Glauben geht – und um die kritisierenswerte, aber deshalb nicht abzuschaffende, sondern voranzutreibende katholische Kirche. Um jenes liebenswerte alte Gefährt, mit dem wir Katholiken durch das Leben fahren – ein Fahrzeug, das sich nur langsam erneuern läßt, das aber dennoch ewig unterwegs ist, da es das einzige wirkliche Hilfsmittel ist, um ans Ziel zu gelangen. Dieses Gefährt ist riesig und vielfältig, man kann sich sogar aussuchen, mit wem man im Abteil sitzt. Teilen wir unseres nun für einige Stunden mit Kaplan August Paterno!

Übrigens: Das Interview wurde im Augustiner Chorherrenstift Herzogenburg in Niederösterreich geführt – ein gastfreundlicher, aufgeschlossener Ort, wo man sich in einer positiven Atmosphäre ungestört zurückziehen kann. Der Abt Maximilian Fürnsinn hat uns gerne in sein Stift aufgenommen, damit wir in Stille und Abgeschiedenheit, an den Tagesgebeten der Chorherren teilnehmend, über den Glauben reden konnten. Der immer gut gelaunte Gastmeister des Hauses, Ambrosius R. Straka, hat uns dafür das Bischofszimmer zur Verfügung gestellt; wir haben uns dort sehr wohl gefühlt. Es ist ein lockeres und trotzdem tiefgehendes und sehr persönliches Gespräch geworden. Ich hoffe, Sie spüren das!

Wien, Ostern 1998 Martin Zimper

Von den Kindern und vom Kind in uns

Ich will mit Ihnen über Kinder sprechen und über das »Kind in uns«. Ich würde gerne von Ihrer eigenen Kindheit ausgehen. Waren Sie glücklich als Kind? Und könnte es sein, daß auch heute noch ein bißchen Kind in Ihnen steckt?

Ich habe eine glückliche Kindheit gehabt, wenn man das überhaupt von einem historischen Zeitraum, der bekannterweise keine glückliche Zeit war, sagen darf. Ich bin in einer Textilmeisterfamilie aufgewachsen, 1935 am Höhepunkt der Weltwirtschaftskrise geboren und war das achte und jüngste Kind meiner Eltern. Mein Vater war allerdings zweimal verheiratet, seine erste Frau war 1929 gestorben. Er heiratete dann Ende 1929 meine Mutter, und da kamen dann noch drei Kinder. Ich bin im Kreis dieser Geschwister aufgewachsen und war immer umsorgt. Auf der einen Seite habe ich eine sehr intensive Erziehung genossen, weil alle meine Geschwister älter waren und ihre Erziehungskünste an mir ausprobierten.

Auf der anderen Seite hatten meine Eltern nur dosiert Aufmerksamkeit für mich übrig. Und so bin ich eigentlich sehr frei und fröhlich aufgewachsen. Nur erinnere ich mich, daß ich sehr oft krank war.

Die ersten drei Jahre meiner Schulzeit fielen noch in die Nazizeit; damals gab es wenig Kontakt zur Kirche, obwohl meine älteren Geschwister sogar bei der katholischen Jugend waren.

Wie stark haben Sie als Kind tatsächlich die Nazizeit miterlebt?

Meine Mutter verstand es sehr gut, die Dinge des Nazismus abzuwimmeln. Allerdings mußten wir auch einiges durchmachen, denn vier meiner Brüder waren Soldaten. Einer von ihnen ist seit kurz vor dem Kriegsende verschollen; er war mein Lieblingsbruder, und seine Abwesenheit hat mich am meisten geprägt, sodaß ich bis heute ein gestörtes Verhältnis zu Kriegen habe – vielleicht sogar zu allem Militärischen. Obwohl ich gerne unter Soldaten bin, aber das Geschäft, das sie betreiben müssen, hat in mir immer Unbehagen ausgelöst. Es mag sein, daß dadurch auch meine Annäherung an das Christentum zustande gekommen ist; weil ich dort friedliebende Elemente vorgefunden habe, die zu realisieren mir lebenswert erschienen sind.

Als Jugendlicher erlebte ich eine intensive Ministrantenzeit und war Jugendführer der katholischen Jugend. Meine Mutter hat ab und zu das Unbehagen meines Vaters formuliert, daß ich vielleicht ein bißchen früher am Abend daheim sein könnte. Ich war damals sehr in der katholischen Jugendarbeit engagiert und parallel dazu auch noch Fußballer. Ich war Tormann bei Admira Dornbirn; einige meiner Freunde waren sehr traurig, als ich meine Schuhe an die Wand hing und nach Innsbruck gegangen bin, um zu studieren.

Die einzigen Reste an Traurigkeit, die an der Jugend hängen, sind jene Gefühle, die ich gespürt habe, als durch die politischen Wirren Freunde verschwunden sind. Einer meiner Brüder gilt als vermißt, und nach dem Krieg hat ein zweiter meiner Brüder sein Leben durch die Folgen des Krieges und der Gefangenschaft verloren. Ich bin bis heute mit gewissen Bewegungen unserer Zeit vorsichtig, die meinen, daß man durch nationale Töne ein besseres Volk schafft.

Der Kommunikationswissenschaftler Neil Postman schreibt vom »Verschwinden der Kindheit«. Er meint, durch die Medien, vor allem durch das Fernsehen, komme eine reale oder auch irreale, jedenfalls aber brutale Welt in die Welt des Kindes. Heute mehr noch als früher. Ich weiß andererseits, daß der Alltag des zehnjährigen Paterno im Jahre 1945 tatsächlich eine brutale Zeit war. Hat es bei Ihnen ein »Verschwinden der Kindheit« gegeben?

Es ist uns viel an Kindheit verlorengegangen, das ist ganz sicher. Das war überhaupt in allen Familien, die nicht systemnahe waren. Mein Vater war ja ein geheimer Widerstandskämpfer. Ich wurde auf sehr kluge und diplomatische Weise von meiner Mutter daran gehindert, an Nazitreffen wie dem der Hitlerjugend teilzunehmen. Auf alle Fälle gelang es ihr, mich von den »Pimpfen«, den Führern der Hitlerjugend, fernzuhaten. Ich kann mich aber an einen Lehrer erinnern, der immer gerufen hat: »Der Führer braucht Euch. Ihr müßt zäh sein und hart wie Leder und schnell wie die Windhunde, hart wie Kruppstahl ...« – und das zu Achtjährigen! Parallel dazu bereitete uns der Pfarrer von Dornbirn-Oberdorf in der Sakristei heimlich auf die Erstkommunion vor, an die ich mich heute noch gerne erinnere. Genauso wie an meinen Firmungstag, obwohl es einen Fliegeralarm gab. In der Rückschau staune ich schon, wieviel mich als Kind interessiert hat und wie sehr es mir gelungen ist, die Dinge in meinem Herzen zu bewahren.

Ich hatte einen Onkel in Eferding. In der Nähe

war das Schloß Hartheim, in dem Behinderte umgebracht wurden. Es hat dort eigenartig gerochen, und ich wollte immer wissen, was da so stinkt. Meine Tante und meine Mutter haben sich herausgeredet: »Ja, da verkocht man etwas« oder »Die verbrennen Holz, das noch naß und feucht ist« und so ähnlich. Aber ich habe dann ein Erlebnis gehabt, daß mir nicht mehr aus dem Sinn ging und erst viel später ganz klar wurde.

Auf dem Hof meines Onkels lebte ein Behinderter, ein Mongoloider, der Heinrich hieß. Eines Sonntag nachmittags war Heinrich verschwunden, und als er endlich am Abend zurückkam und meinen Onkel Franz, der ganz weiß im Gesicht – kreidebleich – ihn fragte, wo er gewesen sei, antwortete: »I' bin in Eferding gewesen, Luftviecher anschaun« – er hatte Flugzeuge betrachtet – gab ihm mein Onkel daraufhin zwei schallende Ohrfeigen. Mir hat der Heinrich leid getan, und ich habe gedacht, warum macht das der Onkel, warum macht der das bloß? Heute weiß ich, daß das eine Tat der Verzweiflung war, um Heinrich vor Ausflügen zu bewahren, die für ihn in einer Urne geendet hätten – die man bald für fünf Schilling erstehen hätte können, weil er offiziell an einer Lungenentzündung im Dienste des Vaterlandes gestorben wäre. Wir kannten ja diese Briefe aus Hartheim.

Ich habe einen Cousin meines Vaters im KZ Mauthausen verloren und einen in Innsbruck. Offenbar konnten die Paternos, wenn es um Gerechtigkeit ging, ihren Mund nicht halten. Wahrscheinlich wäre es mir ähnlich ergangen. Aber meine Mutter hat immer gesagt, man soll nie sagen, was man tut oder vielleicht getan hätte, sondern nur, was man getan hat.

Mögen Sie Kinder?

Ich kann mich sehr gut in Kinder einfühlen und setze mich gern für sie ein. Wenn ich sehe, daß irgendwo ihre Freiheit oder ihr Wachsenkönnen beschnitten wird, kann ich sehr energisch werden. So habe ich bei Jugendlichen, im besonderen bei meinen Religionsschülern oft sehr um deren Freiraum gekämpft – zu Hause wie in der Schule –, damit man ihnen gerechter wird. Aus der Erkenntnis heraus, daß uns diese Kinder nur geliehen sind. Ich habe selber keine Kinder, aber ich habe immer dafür gekämpft, daß Besitzrechte, die an Kinder herangetragen werden, relativiert beziehungsweise minimiert werden.

Ich denke in diesem Zusammenhang gerne an den libanesischen Philosophen Khalil Gibran, der in einem seiner Texte sagt: »Unsere Kinder sind nicht unsere Kinder, denn sie wohnen im Haus von morgen.« Wir gehören einander nicht. Gerade in diesem Bereich ist der Geschenkcharakter noch mehr zu betonen als der Besitzcharakter, denn »besitzen wollen« bringt immer Unterdrückung und Unfreiheit. Kinder sind wie Bäume, man muß sie wachsen lassen. Wenn sie sich zu sehr an elterlichen Großbäumen aufbäumen müssen, gehen sie meist in deren Schatten unter. Natürlich soll ein Kind nicht beziehungslos aufwachsen, das halte ich für Unsinn. Ich glaube, daß ein Kind die nötige Geborgenheit, aber auch die nötige Entwicklungsfreiheit braucht. Ich weiß, daß hier die Balance nicht leicht zu finden ist, das gilt für die Pädagogik genauso wie für die Kirche, wo wir sagen, wir sind gemeinsam Kinder Gottes. Es ist auch für den Hirten der Kirche ein schmaler Grad zwischen der Ausübung seines Amtes und seiner Sorge, daß sich die Schafe selber entwickeln und fähig werden, eigene Weiden zu finden.

Die Schafe sollen also zur Selbständigkeit erzogen werden?

Ja, allerdings liefert die heutige Zeit scheinbar Beweise dafür, daß man dank fähiger Leithammel keine Hirten mehr braucht. Die Hirtenfunktion sieht aber so aus, daß der Hirte nicht der Herde vorangeht, sondern daß er sie begleitet und daß sie annehmen darf, wenn irgendwo Gefahr droht, er sich vor sie hinstellt und als erster den Kopf hinhält. Der Hirte soll nicht die Rolle eines Schäferhundes übernehmen, der ängstlich die Herde umkreist und aufpaßt, daß ja keines ausgrast. Diese Dinge spielen sich alle unter dem Titel des Kindseins ab.

Jesus sagt: »Wenn Ihr nicht werdet wie die Kinder, könnt Ihr nicht in das Reich des Himmels kommen.«

Jesus von Nazareth sagt damit etwas, was Jesaja früher schon einmal anders formuliert hat: »Wenn eine Mutter ihr Kind auch verlassen würde, ich verlasse Euch nicht.« Ich habe diese Stelle immer so begriffen: Das Management um Jesus herum muß sehr männlich gewesen sein, zumindest wird es sehr männlich geschildert. Wir kommen da also zu der Bibelstelle über die Frauen mit Kindern. Ich könnte mir sehr gut vorstellen, daß es Petrus war, der zu den Frauen sagte, sie mögen wieder gehen, da der Chef im Moment keine Zeit habe, sich mit Kindern und Weibern zu befassen. Markus greift dies mit »Jesus sei sehr ungehalten gewesen« auf, was aber nur eine sehr milde Übersetzung sein kann, denn sonst könnte nämlich nicht später eine solche Betonung kommen: »Ich sage Euch sogar eines, wenn Ihr nicht werdet wie sie, werdet Ihr des Glückes, das Ihr erwartet, nie teilhaftig, nie.«

Nun bleibt aber die Frage, was meinte Jesus mit dem »wenn Ihr nicht werdet wie sie«? – Es ist der Hinweis auf das Vertrauen, das Kinder gegenüber ihren Eltern aufbringen. Ich nehme als Beispiel immer einen Jugendfreund; dessen Eltern hatten während des Zweiten Weltkrieges hinter dem Haus zwei Bienenstöcke, er aber hat in der Schule immer behauptet: »Mein Papa ist ein Honigfabrikant.« Wenn man ihn zornig und traurig machen wollte, hat man nur abstreiten müssen, daß sein Vater ein Honigfabrikant sei. Ich habe in meiner Kaplanszeit, als ich noch kleine Kinder unterrichtete, immer wieder gesehen, mit welcher Vehemenz Kinder bereit sind, ihre Eltern zu verteidigen.

Ich glaube, daß die Kinder und Jugendlichen von heute eine Tugend besonders benötigen – die Geduld. Ich bin in der Pädagogik ein Anhänger des Laotse, der einmal gesagt hat: »Ich greife nicht ein, ich lasse es wachsen.« Es ist in der Jugendarbeit besser, man lebt Werte vor, als daß man sie befiehlt. Nichts wird von der Jugend eines Tages kritischer betrachtet, als wenn das, was man sagt, mit dem, was man tut, auseinanderklafft.

Das ist natürlich auch eine Gefahr in der Kirche – weil man da immer ein gutes Beispiel sein muß. Ich habe in meinen Predigten Vorsicht walten lassen. Wenn es Dinge waren, von denen ich geglaubt habe, daß sie richtig sind, aber mir selber dabei schwer getan habe, sie einzuhalten und zu befolgen, habe ich gesagt: Ich finde die und die Sache sehr gut, selber fällt es mir schwer, mich danach zu richten; aber ich vermute, daß unter den Zuhörern solche sind, die es besser können als ich – und es wäre schön, wenn andere es leben könnten.

Es ist wichtig, ehrlich mit Jugendlichen und Kindern umzugehen, weil sie nach wie vor unsere Zukunft sind.

Also, »werdet wie die Kinder« heißt eigentlich: So wie Kinder Vertrauen zu ihren Eltern haben, so könnt Ihr Vertrauen zu Gott haben?

Ja, ich glaube, daß Jesus diesen Schluß zieht. Dieses kindliche Vertrauen geht höchstens bis zu zwölf Jahren, dann kommen die Krisen, sobald der Jugendliche den Eltern nicht mehr alles abnimmt. Jesus aber möchte sagen, daß wir diesem Vater immer vertrauen können. In der Vertrauensstruktur zu Gott muß man ein Kind bleiben.

Ja, aber man muß dann nicht naiv sein wie ein Kind, um glauben zu können?

Das hat nichts mit Naivität zu tun. Kinder glauben an und für sich sehr direkt.

Es gibt aber doch den Unterschied zwischen Kinderglauben und Erwachsenenglauben.

Dieser Unterschied wurde immer gemacht, weil die Kinder wirklich unverbrüchlich glauben können. Wenn wir erwachsen werden, dann überprüfen wir unseren Glauben und kommen zu dem Schluß, daß einige Dinge nicht ganz so sind, wie man es uns in der Kindheit gesagt hat. Es ist ein wesentlicher Unterschied zwischen dem, was Kinderglaube ist, und dem, was man den Kindern zu glauben vorgibt.

Ich habe immer wieder entdeckt, daß gewisse Dinge Schäden in der Seele des Menschen anrichten. In einer Diskussion mit Studenten in Innsbruck ging es darum, ob Gott vertrauenswürdig ist. Ein Student hat in etwa Folgendes zu mir gesagt: »Das mag schon stimmen mit der Liebe und so, aber ist es nicht so, er läßt Dich ein Leben lang zappeln und handeln und wenn Du zum Schluß einen Blödsinn machst, haut er Dich in die Pfanne rein.« Ich habe dann lange mit dem Studenten geredet und bin draufgekommen, daß das genau sein Bild von seinem Vater war. Er hatte einen lieben Vater, der dem Studenten aber nicht mehr ganz gewachsen war. Offenbar dann, wenn gewisse Diskussionen eher auf die Seite des Sohnes ausfielen, hat er ihm immer eine

Ohrfeige gegeben. Das wurde dann auch sein Bild Gottes, welches viele Menschen haben, die in einer eher bestrafenden Atmosphäre aufgewachsen sind.

So wird Gott zu einem strafenden Gott, meinen Sie?

So wird Gott auf einmal ein FBI-Gott. In meiner Jugend gab es einen Spruch auf dem Lineal: »Denke, Gott ist überall, darum stiehl mir nicht mein Lineal.« Gott als Buchhalter, der unsere Sünden aufzeichnet, und wenn wir dann zu ihm kommen, wird er sie uns vorwerfen. Das ist der falsche kindliche Glaube. Das ist nämlich nicht Gott. Unser Glaube hat sich in dem Fall nicht entwickelt.

Der Erwachsenenglaube ist der, der sich nach den ersten Problemen der Jugendzeit bestätigen muß und sich dann auch durch Probleme hindurch beweist. Ein Schüler in der Handelsakademie hat einmal zu mir gesagt: »Mit dem Nikolaus hat man mich angelogen, mit dem Storch hat man mich angelogen, mit dem Christkind hat man mich angelogen, mit dem Osterhasen hat man mich angelogen und jetzt soll ich auf einmal glauben, daß die Geschichten um Jesus herum wahr sind.« Aber das ist nur eine heillose Mischung religiöser Bräuche, die mit dem Glauben nichts zu tun haben, und der religiösen Wahrheiten, die man dem Kind vermitteln sollte.

Darum ist es ganz wichtig, daß Eltern schon früh einen ganz natürlichen Umgang mit dem Glauben pflegen. Ich glaube zum Beispiel heute noch an das Christkind, obwohl ich lernen mußte, daß es dieses in der Art und Weise, wie ich es mir als Kind vorstellte, nicht gibt. Aber die Sache, daß da jemand ist und daß dieses Kind damals in Betlehem zu dem wurde, der sagt, daß Schenken besser ist als Wegnehmen, ist eben die zentrale Bedeutung des Christentums und der Kindheit und des spontanen Glaubens.

Aus diesem Grund können einfache Menschen leichter glauben als solche, die immer alles hinterfragen und bedenken und dann an kein Ende mehr kommen. Darin liegt der Wert des kindlichen Glaubens, das andere würde ich eher als kindischen Glauben bezeichnen.

Wie denken Sie über religiöse Erziehung?

Gerade in Vorarlberg habe ich immer wieder entdeckt, daß vor allem die Mütter sehr kluge und nüchterne Frauen sind. Aber sobald es um das Religiöse geht, werden sie kitschig. Alles wird kleiner, trotz dem man zuerst noch von Jesus redet, wird er bald zum lieben Jesulein und Jesukindlein; es gibt die Engelein und am liebsten würde man Marialein und Josef lein sagen; alles wird versüßt und gemindert. Hier täte Echtheit wohl. Man soll mit Kindern auch nüchtern reden, gerecht und wahr.

Ich kenne da eine Mustergeschichte: Ein ganz gescheiter Bub geht in eine Klosterschule und eine Klosterschwester fragt ihn, was das sei, es hüpfe von Baum zu Baum, habe einen buschigen Schwanz und ernähre sich von Nüssen. Er sagt daraufhin zu ihr: »Ja, wenn mein Papa mich jetzt das gefragt hätte, hätte ich gesagt ein Eichhörnchen, aber weil Sie mich das fragen, ehrwürdige Schwester, wird es wohl das Jesukindlein sein.« – Sehen Sie, und deshalb soll man den Kindern lieber zeitgemäß und sachgemäß die Dinge des Glaubens erklären.

Sollen wir uns nicht auch als Erwachsene ein Stück Kind in uns bewahren?

Für eine gemeinschaftliche, zukünftige Welt brauchen wir kindliche Menschen, Menschen mit spontaner Phantasie. Menschen mit Vertrauen, selbst wenn dieses Vertrauen mißbraucht wird. Menschen, die noch auf jemanden zugehen, ohne gleich hinter ihm den bösen Onkel oder die böse Tante zu vermuten. Menschen, die fähig sind, Dankeschön zu sagen.

Jeder sollte sich soweit bemühen, sich wenigstens zwanzig Prozent Kindheit zu bewahren. Mehr ist nicht drinnen, vermute ich, ohne daß man zugrunde geht – oder in die Einsamkeit, um dort seine kindliche Naivität leben zu können. Aber wenn sich jeder zwanzig Prozent kindliches Vertrauen und zwanzig Prozent kindliche Ehrlichkeit retten könnte, wäre es für die gesamte Menschheit gut.

Vom einfachen Christentum und von komplizierten Sehnsüchten

Es ist oft schwer, angesichts vieler öffentlicher Diskussionen das Wesentliche am christlichen Glauben herauszuschälen und zu erkennen. Ein Freund von mir ist Chinese – also in einem völlig anderen Kulturkreis aufgewachsen, eigentlich ohne Religion. Wie kann ich ihm unseren Glauben erklären, das Christentum und den katholischen Glauben? Wenn er fragt: »Du gehst in die Messe, was machst Du da?«

Wenn man in die Messe geht, kann man das nicht kurz erklären. Wenn es aber darum geht zu erklären, weswegen man in die Messe geht, kann man zum Beispiel sagen: »Weißt Du, eine Messe enthält alles, wovon ich überzeugt bin. Denn meine Überzeugungen gehen auf einen Mann zurück, und dem, was er gesagt und getan hat, zu folgen – natürlich nur so, wie ich es persönlich kann –, das macht den Sinn des Lebens aus.«

Mein Glaube wird, wenn ich mich in den Glauben von Jesus hineinverliere, in dieser Welt scheitern, weil ich seinen Glauben nicht leben kann. Er hat uns zwei Dinge gesagt: Erstens, was ich im Gottesdienst tue, soll ich tun zu seinem Andenken. Er hat damals mit seinen Freunden das Abendmahl gefeiert, das Pesachmahl, das Osterfest der Juden, und das war ja ein Erinnerungsfest.

Man kann einem Menschen von heute sagen, wir feiern hier die Erinnerung an unsere Existenz, an unsere Vergangenheit, aber auch an die Zukunft. Jesus hat nichts anderes getan, als mit seinen Freunden ein Fest der Befreiung zu feiern. Das Pesachmahl erinnert daran, daß das Volk Gottes lange Zeit in Gefangenschaft war. Erst Moses hat es daraus herausgeführt.

Der Gottesdienst wäre demnach auch eine Art Befreiungsfeier?

Durchaus. Wir müssen uns immer im klaren sein, daß der Glaube etwas ist, was uns befreien soll. Wenn er uns einengt, unfrei macht und ängstlich, dann ist er nicht das, was Jesus wollte. Er sagte uns über seinen Vater – das ist das zweite Absolute, was in unserem Leben neben dem Tod besteht: »Ich bin nicht für mich gekommen, ich bin gekommen, den Willen meines Vaters zu tun.«

Für reine Christen liegt die wesentliche Aufgabe darin zu fragen: »Worin besteht für mich der Wille Gottes?« Genauso wie sich jeder Christ eines Tages die folgende Frage stellen und die Antwort darauf geben muß, jene Frage, die Jesus an seine Freunde gerichtet hat: »Für wen haltet Ihr mich?« Damals in Cäsarea haben sie darauf geantwortet: »Wir halten Dich für Johannes den Täufer« – und »Wir halten Dich für einen Propheten.« Nur der ein bißchen vorlaute, die Wiener würden sagen »goscherte«, Petrus sagte: »Du bist der Sohn des lebendigen Gottes«. Und die Antwort von Jesus an Petrus kennen wir; eine Antwort, die zu vielen Komplikationen geführt hat, zu Komplikationen, die bis heute nicht gegenüber anderen Kirchen ausgeräumt werden konnten. Jesus sagt im 15. Kapitel Matthäus: »Du bist Petrus, der Fels, und auf diesem Felsen will ich meine Kirche bauen.«

Er hat also Petrus sozusagen zum ersten Papst ernannt, weil dieser als einziger die richtige Antwort gegeben hat?

Ja, weil er diese Antwort gegeben hat. Ihm – der doch gleich war wie alle anderen Apostel – sagt Jesus: »Ich gebe Dir die Schlüssel des Himmelreiches und die Pforten der Hölle werden sie nicht überwältigen. Ich nenne Dich Petrus, der Fels.«

Wenn man nun die Gegend von Cäsarea gut kennt – es ist eine meiner Lieblingslandschaften auf der Welt –, kann man das sogar wortwörtlich verstehen, denn dort ist ein wunderbarer Felsen, ein uralter Felsen, auf dem schon die Griechen ihre Götter verherrlichten. Es war eine Kultstätte für den Hirtengott, ein wunderschöner roter Felsen. Früher ist dort eine Quelle des Jordan entsprungen, der sogenannte Banias – der Name geht auf den Gott Pan zurück, aber nachdem die Araber kein hartes P aussprechen können, ist dieses P immer weicher geworden und wurde zum Banias. Das hat also auch mit Leben zu tun; die Dinge sind alle miteinander verwoben. Jesus stellt sich in eine Reihe mit der religiösen Tradition, die schon dort war – der griechischen, der babylonischen, der syrischen. Aber er bringt die Besinnung auf den Vater und mit ihm eine neue Interpretation des Gesetzes und bestimmt, daß Petrus der Verwalter sein soll.

In der vorangegangenen Antwort haben Sie mit »Komplikationen« wohl gemeint, daß heute nicht alle Christen den Papst als Oberhaupt der Kirche anerkennen?

Es gibt Probleme mit der orthodoxen Kirche. Im griechischen Bereich gilt vor allem das Johannes Evangelium und die Szene, wo Jesus am Kreuz zu Johannes sagt: »Sieh da, Deine Mutter« und zu Maria: »Sieh da, Dein Sohn.« Und dann heißt es: »Von dieser Zeit an nahm sie den Jünger zu sich.« Es gibt eine Tradition, die sagt, Maria vertritt unter dem Kreuz die Kirche. Das heißt wiederum, Jesus hätte am Kreuz Johannes Maria anvertraut und Johannes sei derjenige, der im Grunde genommen am besten begriffen hätte, was Kirche ist.

Und damit wäre Johannes der erste Papst?

Ja, und damit wäre der Patriarch von Konstantinopel der Bewahrer der Tradition des Johannes; und der Bewahrer der Tradition des Petrus sitzt in Rom. Aus diesem Grund gibt es bis zum heutigen Tag Probleme, obwohl die Wurzeln dieser Probleme durch Kleinigkeiten zustande kamen – man konnte sich zum Beispiel nicht über den Ostertermin einigen. Der alte Ostertermin fällt mit dem Pesachfest zusammen, das Fest, das die Juden jedes Jahr am ersten Tag nach dem ersten Vollmond im Frühling gefeiert haben zur Erinnerung an ihren Auszug aus Ägypten. In der Osternachtsfeier kommen diese Themen ja alle vor. Die Hauptlesungen sind aus dem Buch Exodus, und dann folgen Interpretationen aus dem Hebräerbrief, dem Römerbrief oder dem Korintherbrief. Diese Wurzeln sind nicht römisch, sondern jüdisch.

Ich möchte es hier ganz deutlich sagen, gegen viele Dinge, die da heute wieder laufen. Unsere

Wurzeln sind jüdisch: Jesus war ein Jude und Paulus war ein Jude. Obwohl Paulus nicht gerade im engsten jüdischen Bereich zur Welt kam, war er ein Pharisäer.

Pharisäer ist doch ein eher negativer Begriff?

Womit wir schon beim nächsten Mißverständnis wären, weil unter dem Begriff Pharisäismus bei uns gemeinhin Falschheit verstanden wird. Das stimmt hier aber nicht: Damals waren die Pharisäer sehr einflußreich und mächtig – heute würde man sagen, sie waren die Absolventen der Wirtschaftsuniversität und die hohen Angestellten der Bundeswirtschaftskammer. Die Führer der Pharisäer sagten: »Wir müssen wieder getreu dem Gesetz handeln. Wir wollen es nach Strich und Faden beachten!« – Für mich bleibt es nun eines der größten Geheimnisse, warum Jesus mit dieser Gruppe nicht zu Rande gekommen ist. Meiner Ansicht nach hätten ihn gerade die Pharisäer am meisten unterstützen und ihm helfen können.

Als nach 1955 bei uns das Fest der Maria Empfängnis wieder eingeführt wurde, erlebte ich eine wunderbare Geschichte. Ein Kaplan, ein Mann, den ich und meine Freunde sehr verehrten, hielt die Predigt; er sagte: »Es geht hier nicht um die Empfängnis Jesu, sondern um die Empfängnis

Maria.« Er hat es uns so erklärt, und wir sind nach der Messe heimgegangen. Zu Hause fand gerade eine Diskussion statt; die Mutter meines Freundes meinte, es ginge doch um Jesus, aber wir haben das verneint. Die Großmutter hat den Zwist damit abgebrochen, indem sie sagte: »Es ist egal, Hauptsache man glaubt!«

Ich hätte aber gerne einen Glauben, bei dem ich weiß, was ich glaube, auch wenn ich das nicht wissenschaftlich erfassen kann. Es wäre nicht schlecht, wenn der Verstand so weit käme zu wissen, wo die Inhalte des Glaubens sind.

Ich muß also, um den christlichen Glauben zu erfassen, nicht alle theologischen Bücher dieser Welt gelesen haben, sondern ich kann sie in einer Art Kurzformel zusammenfassen. So könnte zum Beispiel das, was wir im Glaubensbekenntnis sprechen, die Kurzformel von dem sein, was wir glauben und worüber wir uns einig sind?

Man kann den Glauben aber noch kürzer fassen. Es gibt immer wieder Versuche, eine Kurzformel des Glaubens herauszubringen. Ich bin der Überzeugung, daß ein Mensch, der nichts von Jesus weiß, auch aufgrund seines persönlichen Vertrauens zu all diesen Erkenntnissen kommen kann. Das große Glück, aber zugleich die große Verantwortung sind erst dann gegeben, wenn man davon erfährt. Dann hat man als aufrechtes Wesen sogar die Pflicht, sich um den Glauben zu kümmern, auch erkenntnistheoretisch. Was aber nicht heißt, daß das, was ich unter Glaube verstehe, einem Buch fremd ist und noch nie aufgeschrieben wurde. Obwohl sogar der heilige Paulus sagt: »Der Glaube kommt vom Hören.« Damals mußte man somit nicht unbedingt gelesen haben, sondern es hat genügt, zu hören beziehungsweise auf das zu hören, was man selber in sich hat.

Der Glaube ist nicht das Hören auf das, was andere einem sagen, sondern ein »in sich Hineinhören«?

Es ist beides. In der Tradition der Kirche war es immer beides. Die Kirche hat ja die Aufgabe, den Menschen das Wort Gottes unverfälscht zu verkünden. Einfach immer wieder zu tradieren: Was hat uns Jesus gesagt, was haben uns die Propheten gesagt, was haben uns die Priester gesagt, was wollten die uns damals sagen von dem, was ihnen Gott mitteilte? – und das von Generation zu Generation weiterzugeben.

Es kann Menschen geben, die ganz wenig vom Christentum wissen, aber eine ungemeine Glaubensstruktur entwickeln, sodaß sie spontan das tun, was zu tun ist. Jemand, der nichts von Jesus weiß, kann vermutlich nicht auf Jesus kommen – aber er kann auf Gott kommen ...

Mahatma Gandhi hat einmal gesagt: »Die ganze Religion besteht darin, daß ich die Wahrheit suche und zwar auf gewaltlose Art.« Wenn man nun so etwas sagt, kann man das nicht, ohne zu wissen, daß Jesus von Nazareth so einen Weg gewollt hat. Und das auch zu seinen Jüngern gesagt hat: »Ich bin der Weg, die Wahrheit und das Leben.« Wer also den Weg und die Wahrheit sucht, wird Jesus finden. Nicht unbedingt als Jesus von Nazareth, sondern als Lebensprinzip – als das, was man selbst leben kann.

Auf der einen Seite ist es ganz einfach zu glauben, weil der Glaube ja auch ohne Regeln erfaßt werden kann. Früher gab es Eremiten, diese Mönche der Einsamkeit, von denen viele nicht lesen konnten. Sie haben einfach »gewußt« von Jesus. Jeden Morgen sind sie vor ihre Höhle getreten, haben die Sonne aufgehen sehen, die Schönheit der Welt erahnt und erkannt, das haben ja nicht sie gemacht, das muß ein anderer gemacht haben.

Dazu hat mir vor kurzem ein sehr prominenter Schriftsteller gesagt: »Man muß ja blöd sein, wenn man nicht begreift, daß hinter diesen Millionen Milchstraßen, die es da gibt, etwas sein muß.« Die wahre Dummheit besteht in dem Fall in einem bejahten Atheismus. Das hat mir sehr zu denken gegeben.

Heute muß man beide Arten des »Hörens« für den Glauben reklamieren: Diejenige, bei denen sich der Mensch aufgrund von Hören entfaltet, und diejenige, bei der er sich entfaltet, indem er in sich selbst hineinhört. Dann nämlich wird man alles entdecken. Man wird sich als Geschöpf entdecken, aber auch als ein Geschöpf Gottes – und man wird erkennen, daß wir nicht vergeblich auf dieser Welt sind, sondern daß wir den Auftrag haben, aus dieser Welt etwas zu machen.

Einige Menschen sagen: Wenn ich so etwas wie Hunger habe, muß es so etwas wie Nahrung geben, und wenn ich so etwas wie Sehnsucht nach Gott habe, könnte es auch Gott geben. Ist dieser Schluß zulässig?

Ja, das ist zulässig. Ich glaube, es gab noch nie eine Zeit, in der die Sehnsucht der Menschheit so groß war wie heute. Es gab aber auch noch nie so viele Menschen wie heute, und darum konnten nicht so viele Sehnsucht haben. Die Sehnsucht ist evident in der Kunst, in der Dichtung, in der Musik. – Die Drogenszene und der Alkoholismus sind für mich Symbole und Zeichen von Sehnsucht. Wir sehnen uns nach etwas, tun uns aber schon schwer, das Ziel unserer Sehnsucht zu definieren. Und es gibt immer wieder Institutionen, die uns sagen wollen, wo dieses Ziel liegt – denken Sie nur an die Werbung: Mit wunderschönen ganz einfachen Bildern werden Paradiese angepriesen; und diese Bilder wecken automatisch die Sehnsucht in uns. Der Mensch will das Paradies! – Es ist interessant zu beobachten, daß diese Bilder zu neunzig Prozent all jene Dinge enthalten, die schon im Buch Genesis als paradiesisch beschrieben werden: einen Strand, Palmen, Wasser, Sonne und Adam und Eva. Dorthin gehen unsere Sehnsüchte. »Wellness« nennt man das heute: Erfrischung, Erholung, Belebung, Gesundheit, Unverletzlichkeit des Leibes, Unsterblichkeit, die Sehnsucht nach einem Partner – nach einem, der einen endlich versteht und der mit mir die Einsamkeit teilt.

Hier wären wir auch schon bei einem ganz wesentlichen Punkt, weil die Kirche unheimliche Chancen hätte, sie aber vergibt. Da viele Menschen nicht mehr der Überzeugung sind, daß die »Endstation Sehnsucht« Gott sein könnte – und zwar in den Menschen, die er uns auf den Weg schickt.

Im Jakobusbrief steht der Satz: »Der Glaube ohne Werke ist tot.« Das heißt, wenn ich wirklich glaube, wird man es mir ansehen, aber nicht deshalb, weil ich darüber rede oder – wie es im Matthäus Evangelium steht – mich an eine Straßenecke stelle und rufe: »Halleluja, schaut mich an, ich bin derjenige, der alle Gesetze hält, ich bin derjenige, der Gott alle Achtung gibt.« Den wirklichen Glauben finde ich in der armen Witwe, die im Tempel ihren letzten Groschen spendet, weil sie weiß, es gibt auf der Welt noch größere Not.

Das ist die zweite kurze Glaubensformel, und da muß man gar nichts wissen, nicht einmal das kleine Glaubensbekenntnis. Denn es steht dort nicht »Du mußt Arme kleiden« oder »dafür sorgen, daß die Obdachlosen, die Flüchtlinge ein Dach über den Kopf bekommen« oder »Besuche Deinen kranken Freund im Spital«. Aber es steht, daß Jesus zu ihnen sagen würde: »Ich war im Gefängnis und Ihr habt mir ein Päckchen Marlboro gebracht« und »Ich war traurig und Du hast mir ein Taschentuch geliehen, damit ich meine Tränen trocknen konnte« und »Ich wurde aus Bosnien, aus Rumänien vertrieben, und Ihr habt mir die Sakristei, den Pfarrhof zur Verfügung gestellt.«

Der Kern des Glaubens ist die Gottes- und die Nächstenliebe?

Es gibt da ja die berühmte Fangfrage dieses ganz gesetzestreuen Pharisäers, der zu Jesus kommt: »Was muß ich tun, um das Reich des Himmels zu erreichen?« Und Jesus sagt zu ihm: »Was liest Du im Gesetz?« Darauf antwortet der Pharisäer: »Du sollst den Nächsten lieben wie Dich selbst und

Gott aus ganzer Seele.« Da meint Jesus: »Du weißt es ja, also gehe hin und tue es!« Das ist es! »Was Du nicht willst, das man Dir tut, das füg' auch keinem andern zu.« Das ist nichts anderes als: »Du sollst Gott und Deinen Nächsten lieben wie Dich selbst.« Darin, sagt Jesus, liegt das ganze Gesetz. Und darauf beruhen alle Vorwürfe, die wir uns bis jetzt als Kirche und als Christen eingehandelt haben: Ob es uns gelungen ist, diese von Jesus von Nazareth eingeführte Erklärung des Glaubens, daß man die Dinge in Liebe tun müsse, zu erfüllen oder nicht? An dem werden wir gemessen. Nicht nur von den Menschen, sondern von Gott.

Wenn es das zu erwartende Gericht gibt, wird es in der Form eines Eigenbekenntnisses sein. Wir werden uns selber sehen, uns selber anklagen und uns fragen, ob wir Gott entsprochen haben. Ich hoffe nur, daß dann das eintritt, was Johannes so schön sagt: »Wenn wir uns auch selber anklagen, Gott ist größer als unser Herz«.

Dieses Wort schützt uns auch vor einer allzu großen Angst vor dem Letzten Gericht.

Man sollte nicht aus Angst etwas tun. Ich vertrete die These, daß Jesus, seinem Vater und dem Heiligen Geist zehn Freiwillige, die am Sonntag in die Kirche gehen, lieber sind als hundert Unfreiwillige, die Angst vor einer Sünde haben. Denn darin liegt die wahre Wurzel des Christentums, daß der, der es erkennt und annimmt, es freiwillig tut.

So wie Jesus sagt, der Sabbat – der höchste gesetzliche Ruhetag, den es im Judentum überhaupt gibt – ist der Menschen wegen da, nicht der Mensch des Sabbats wegen. Wir haben im Christentum den Sonntag reklamiert – obwohl ich nicht ganz verstehe, warum wir es nicht beim Sabbat belassen haben. Ich glaube, daß das Phänomen der Auferstehung am Montag, am jüdischen Ostermorgen, für uns ein so starkes Zeichen war, daß wir damit diesen Tag als unseren »Tag des Herrn« feiern wollten.

Gilt das auch für die Gesetze der Kirche und für die Regeln in der Bibel: Sie sind für den Menschen da und nicht der Mensch für sie?

Genau das war es, was Jesus in Konflikt mit dem Pharisäismus gebracht hat, weil dort die Gesetze nach Strich und Faden auf alles angewendet und dadurch lieblos wurden. Wo doch die Liebe der erste Maßstab der göttlichen Linie ist. Ich habe bei einem Heiligen folgenden Satz gelesen; ich glaube, es war der heilige Franz von Sales: »Das Maß der Liebe ist Liebe ohne Maß.« Schon die Griechen hatten die Tugend des Maßhaltens, eine

Tugend, die sehr viel mit der Wahrheit zu tun hat. Man kann die Zusammenhänge maßvoll besser erkennen als in Extremen. Ich vermute, in Extremen liegt wenig Wahrheit, sogar in der Orthodoxie und in den Ideologien. Extreme können sich nicht auf Wahrheit berufen.

In dieser Beziehung gibt es einen schrecklichen Satz bei Paulus. Er sagte: »Alles, was nicht aus Liebe geschieht, ist Sünde.« Wenn ich jetzt an meinen Tagesablauf denke oder daran, wieviel ein normaler Mensch eigentlich tun muß, weil er es eben tun muß, dann frage ich mich – wieviel Liebe ist da noch dabei? Auf der anderen Seite gibt es häufig Gelegenheiten, Dinge in Liebe zu tun, die einen über den Alltag wieder hinüberretten und über sämtliche Einflüsse, die auf uns täglich einstürzen. Dazu gehören Eigenschaften, die zum Teil erst wieder erweckt werden müssen, damit wir lebendiger glauben können, einen Glauben, der uns zeigt, daß man die schweren Dinge des Lebens meistern kann.

Jetzt hat aber die Kirche im Laufe der Jahrhunderte Regeln entwickelt, die es uns nicht leichter machen mit dem Glauben. Wäre nicht das Zurückbesinnen auf das Wesentliche im Glauben das, was einen halten sollte und was uns die Relativität zu den aufgestellten Regeln sehen läßt?

Das ist natürlich ein ganz heißes Thema. Ich bin der Überzeugung, daß ab dem Moment, wo sich die Kirche in die Politik begeben hat – also 313 mit dem Mailänder Edikt – eine zum Teil unkontrollierbare Entwicklung begonnen hat. Das römische Recht ist bis auf den heutigen Tag kein schlechtes Recht, aber in Einzelfällen kommt man mit diesem Recht oft unter die Räder.

Wenn wir nun beispielsweise den Tod Jesu betrachten: Es herrschte bei uns immer die Ansicht, die Juden seien am Tod Jesu schuld gewesen. Ich bin der Überzeugung, daß eine Schuld damals nicht möglich war. Sie hätten ihn sogar auf die Seite nehmen und privat steinigen können. Sie haben das aber nicht getan. Nur einmal wird von einem schweren Konflikt in Nazareth berichtet: Jesus sagte: »Ihr glaubt mir nicht, weil ich selbst aus Nazareth bin und der Prophet im eigenen Land wird nicht gehört.« Ich vermute, daß Jesus in seiner Vaterstadt sehr selbstbewußt aufgetreten ist. Und deshalb haben die Einwohner Nazareths gespottet: »Ist das nicht des Zimmermanns Sohn, was kann der uns schon sagen?« Das waren ähnliche Probleme, wie sie heute Universitätsprofessoren mit Studenten haben. Ein anderes Beispiel: Die Vorurteile der Städter gegenüber Jugendlichen, die aus der Provinz kommen.

Das römische Recht hat sich natürlich entwickelt, und es gab außerdem die zehn Gebote. – Ich erinnere mich in diesem Zusammenhang immer an einen sehr lustigen Spruch von Charles de Gaulle, der gesagt hat, die zehn Gebote seien deshalb so gut, weil sie ohne Sachverständigerkommission zustande gekommen seien. – Sobald eine Gemeinschaft entsteht, gibt es Regeln. So war es auch in der katholischen Kirche. Wer dazu gehört, muß alle Regeln einhalten, denn dann kann in der Gemeinschaft vielleicht alles klaglos klappen.

Der verheerende Teil der Geschichte – der in der Vergangenheit nicht so zum Tragen kam, aber heute sehr bemerkt wird – ist, daß aus den zehn Geboten und ihren legalen Interpretationen weitere Gebote der Kirche wie das Fastengebot oder die Beichte abgeleitet wurden. – Wann man eine leichte Sünde oder eine schwere Sünde begeht, oder welche Sünde es ist, wenn man am Karfreitag oder am Aschermittwoch Fleisch ißt – die Menschen haben eines Tages wohl nicht mehr gewußt, welche die zehn Gebote und welche die Gebote der Kirche waren. Nach dem Konzil hat man einige dieser Kirchengesetze ein bißchen modifiziert, man kann beispielsweise an einem anderen Tag als am Freitag fasten.

Wir waren nicht klug genug, vielleicht auch

nicht ehrlich genug zu sagen, daß das ein Kirchengebot war. Dieses Gebot hat sich ergeben, weil Jesus zu Petrus sagte: »Auf diesen Felsen will ich meine Kirche bauen und was Du bindest, ist gebunden, und was gelöst ist, ist gelöst.«

Auf dieser Stelle beruhen die kirchlichen Gesetze. Sie sind aber nicht der eigentliche Kodex. Es wäre heute wichtig, daß man den Getreuen ehrlich sagt, es gibt Gebote, die sind veränderlich, und andere, die sind es nicht. Denn durch das Konzil sind die Gläubigen leider noch unsicherer geworden. Vor allem die einfachen Leute. Die Kirche kann sagen, ab jetzt fasten wir am Freitag oder am Samstag, aber sie kann nicht sagen, ab morgen gilt das Gesetz »Du sollst nicht töten« nicht mehr.

Gerade um die Kirchengebote gibt es jede Menge aktueller Diskussionen.

Die Diskussionen oder die Probleme, die die Kirche heute hat, drehen sich um Themen, die mit dem Glauben im eigentlichen Sinne nichts zu tun haben, sondern letztlich lauter Nebenschauplätze behandeln. Der Großteil der Diskussionen betrifft die rechtlichen Grundlagen – welche zum Teil noch aus dem römischen Recht stammen –, ob die Unauflöslichkeit der Ehe oder die Ehelosigkeit der Kleriker ein Gesetz ist oder nur eine

Empfehlung. Jesus hat dazu ja immer gemeint: »Wer es fassen kann, der fasse es.« Dieser Ausspruch kann also niemals als ein allgemein gültiges Gesetz gesehen werden – jedenfalls verstehe ich es so.

In manchen Fällen kann man einfach nicht ein bestimmtes Gesetz auf die Allgemeinheit erweitern. Das gilt zum Beispiel für den Zölibat. Ich werde den Zölibat verteidigen, so lange ich kann – so lange ich denken kann. Was aber nicht heißt, daß ich mir nicht doch auch bewußt bin, daß man ihn nicht von jedem verlangen kann. Und daß Vorwürfe, die wir uns als Kirche eingehandelt haben, daher kommen, weil wir uns nicht zu Herzen nehmen, was Jesus zu den Priestern gesagt hat: »Ihr ladet den Menschen zu große Lasten auf, seid aber nicht bereit, sie selber zu tragen.« Ich glaube, es gehört zur Nächstenliebe dazu, daß man Menschen nicht überfordert. Es gilt das Wort: »Und führe uns nicht in Versuchung, daß wir über unsere Kräfte versucht werden.« Das Ganze paßt nur in ein religiöses Glaubenskonzept der Freiwilligkeit. Ich bin der tiefsten Überzeugung, daß Jesus unsere Befreiung wollte.

Viele Menschen verabschieden sich heute von der Kirche, weil sie bestimmte kirchliche Regeln ablehnen oder weil sie persönlich überfordert sind. Die wenig-

sten verabschieden sich aufgrund ihres fehlenden Glaubens an Christus, ihr Glaube besteht weiterhin.

Ja, das denke ich auch. Wir sehen das zum Teil genauso bei politischen Bewegungen: Sobald gewisse Regeln eingeführt werden, gehen einige, weil sie nicht unter diesen Bedingungen eingetreten waren. Wobei man in der katholischen Kirche immer wußte und weiß, unter welchen Bedingungen man eintritt. Man weiß, daß man, wenn man heiratet, die Treue zum Partner halten soll. Man weiß, daß man, sobald man zum Priestertum ja sagt, nicht mehr alles haben kann. Es wäre auch für mich manchmal schön, ich könnte das Priestertum ausüben, den schnellsten Wagen fahren und die schönste Villa in Heiligenstadt oder in Bregenz am Pfänder besitzen. Nur müßte ich dann die Hälfte des Evangeliums streichen.

In der heutigen Zeit kann eine Gemeinschaft nicht vorwärtskommen, wenn jedes ihrer Mitglieder nur auf den eigenen Vorteil bedacht ist. Ein so anspruchsvolles Gebilde, wie es die katholische Kirche ist oder eine christliche Kirche überhaupt, sollte seine Handlungen und seine Gesetze immer wieder am Gesetz Gottes prüfen. Aber wir Menschen glauben eben gerne an juristische Rahmenbedingungen, weil das Gebot der Liebe sehr schwer rechtlich zu formulieren ist. Ich selbst habe mir schon oft überlegt, wo die Maße für Liebe und Gerechtigkeit sind. Heute glaube ich, daß man beides verbinden sollte. Die großen Heiligen haben diese Dinge vereinbaren können. Sie haben unheimliches karitatives Engagement gezeigt und gleichzeitig eine Relativierung ihrer Person, selbst ihrer Angst vor dem eigenen Tod, die atemberaubend ist.

Es gibt heute noch Frauen, die diese Mischung leben. Ich habe in meiner Pfarre in Bregenz-Mariahilf und in Wien einige Frauen kennengelernt, die haben einen einfachen, ja fast spartanischen Glauben und eine unüberbietbare Weite in dem, was wir im Christentum teilen nennen. Das, was wir zu glauben vorgeben, ist bei diesen Menschen oft besser aufgehoben als bei der Wissenschaft. Wobei ich aber nicht sagen möchte, daß es nicht auch gläubige Wissenschaftler gibt.

Der Glaube ist keine Voraussetzung für ein Theologiestudium, oder?

Der Glaube ist zu wichtig, als daß man ihn nur Theologen überlassen darf – so wie der Friede, der ist bei Generälen nicht immer am besten aufgehoben oder wie die Politik, die ist auch nicht immer beim Politiker gut aufgehoben. Es ist wichtig, alle religiösen Aspekte nüchtern zu durchdenken und zu erforschen; aber das, was der Glaube ist, kann dabei sehr leicht unter die Räder kommen. Nicht umsonst gibt es starke Widerstände gegen einen Gott der Theologen. Theologen müssen sehr vorsichtig sein mit ihren Formulierungen. Es besteht die Gefahr, sich den Satz einzuhandeln, der bei Wolfgang Borchert geschrieben steht: »Ich kann mit diesem Gott nichts anfangen, der hat mir zuviel Tinte im Blut.«

Heute hat der Gott eine Chance, der uns in Jesus erscheint. Ich habe einmal bei einem Vortrag gesagt: »Mir wäre es am liebsten, Jesus würde wieder in Scharen auftreten.« Ein sympathisches Mädchen hat daraufhin bei der Diskussion gesagt: »Jesus ist nur einmal.« Aber es gibt im Christentum den Begriff »alter Jesus«, also des »anderen Jesus«, gemeint ist damit, daß jeder von uns irgendwie Jesus sein sollte. In dem Fall hätte ich auch keine Angst um die Zukunft, weil wir dann wieder versuchen würden, Gesetz und Leben in einer Einheit zu sehen.

Es gab in der Kirche genauso wie im Judentum eine ganz interessante Mischung von Männern, die am Tag Juristen waren und in der Nacht Mystiker – wie zum Beispiel in Safed, einer Stadt im Norden von Israel, oder in Galiläa. Diese Männer waren hervorragende Rabbis, ausgezeichnete Juristen, die Erklärungen zum Talmud schrieben und die Geschicke des Tages als Kadi juristisch behandelten – aber in der Nacht schrieben sie wunderschöne mystische Sachen, dichteten und beteten. Diese Männer und Frauen zeigen uns: Es ist möglich, eine Mischung zu leben. Nur nicht gleichzeitig, sondern zeitlich hintereinander. Wahrscheinlich wären mystische Gesetze furchtbar und Mystiker wären keine guten Gesetzeslehrer. Offenbar gibt es in der menschlichen Seele und im menschlichen Hirn Unterscheidungen zwischen dem, was am Tag abläuft, und dem, was in der Nacht in uns abläuft.

Da gibt es aber auch eine Sache, die wir heute gerne übersehen: Wie komme ich denn mit den anderen gut aus beziehungsweise wie komme ich besser mit ihnen aus? Wie kann ich den ganzen Zores, wie kann ich Krieg, Neid und Haß reduzieren in mir, wenn ich in den Fußstapfen des Jesus von Nazareth gehen will? Diese Frage muß man sich immer wieder stellen!

Aber in unserem Menschenleben gibt es nun einmal das Rationelle und das Emotionelle, die linke und die rechte Gehirnhälfte. Von Milva gibt es dazu einen guten Song »Gefühle und Verstand«. Ist es nicht genau das, was uns oft aufreibt – diese Gegensätze in uns?

Ja, freilich, dieser Widerpart ist immer da. Die Menschen haben zwei Entscheidungsmöglichkeiten: Entscheiden sie sich für die Nacht, für die

Mystik, oder entscheiden sie sich für die Regeln des Tages? Wenn ich jetzt ein Firmenchef bin, werde ich mich für den Tag und für dessen Regeln entscheiden müssen. Die Gläubigen sind dadurch unsicher geworden. Vor allem die einfachen Leute. Bin ich aber in einem anderen Bereich, ein Personalchef zum Beispiel, werde ich mich mehr auf mein Gefühl verlassen müssen; nach der Regel: Geben ist besser als Nehmen. Es gibt aber Zeiten, in denen auch Nehmen eine ganz, ganz wichtige Angelegenheit wird – in den Regeln nach oben, denn der beste Mystiker ist der, der am meisten nehmen kann. Selbst die heilige Teresa sagt von sich: »Ganz leer werden, dann kann man am meisten eingefüllt bekommen.«

Ich kenne ein ganz lustiges Gebet, das Gebet einer Flasche, das lautet: »Herr, ich bin eine Flasche, aber Du vermagst es, mich zu füllen, aber bitte so, daß ich nicht zerspringe und zugrunde gehe.« Ich habe das Gebet einmal an einem Einkehrtag für fromme Frauen gebracht. Daraufhin hat eine Klosterschwester gerufen: »Das ist aber kein gutes Gebet, denn der liebe Gott wird einen sicherlich nie so füllen, daß man zugrunde geht.« Ich antwortete ihr: »Schwester, Sie sind eine Heilige, Sie wissen es, aber das ist eben das Gebet einer Flasche, und die weiß es nicht.«

Trotzdem, es ist vieles heute eine Frage der Flasche geworden: nach ihrem Inhalt, nach der Enge beziehungsweise Weite ihrer Öffnung, nachdem was und wieviel sie in sich hineinläßt. Wir wehren uns natürlich alle gegen ein solches flaschenhaftes Verhalten, aber man kann in einem Zeichen Wichtiges sehen und sogar von einer Flasche lernen.

Diese Flasche ist natürlich zerbrechlich?

Ja, auch wir sind zerbrechlich. Es gibt einen wunderschönen Satz: Wir tragen alle diese Dinge in sehr zerbrechlichen Gefäßen. Es ist möglich, daß unsere Hoffnungen und unser Glaube absterben, wenn der Pfropfen zu lange offen ist, denn dann trocknet der Korken aus. Darum ist es wichtig, daß man dafür sorgt, daß neue Flüssigkeit hineinkommt.

Kann man Glauben lernen?

Ja, man kann das Glauben lernen. Es ist unlehrbar, aber man kann es lernen. Wenn man versucht, das Christentum zu leben, kann man an den Reaktionen der anderen und an den eigenen Reaktionen jeden Tag mehr lernen; in einer wohltätigen Organisation zum Beispiel. Am Anfang will ich karitativ sein, erst später sehe ich, daß es viel von mir fordert, es bringt schlaflose Stunden, es bringt

Kummer und Sorgen, oft bis zur Verzweiflung, sodaß man schließlich alles hinwerfen will, weil es nichts nützt oder ändert. Man kann durch solche Erfahrungen sehr viel für seinen Glauben lernen. Daß nicht alles berechenbar ist, daß aber jeder trotz aller Verzweiflung wieder Geborgenheit erfahren darf. Es kann natürlich sein, daß es Phasen im Leben gibt, wo man von diesem Lernen und Verstehen nicht viel verspürt. Das gehört auch zum Glauben. Das ist keine angenehme These für die heutige Zeit, wo wir die Dinge immer positiv spüren wollen, aber Wellness gibt es eben nicht immer. Zum menschlichen Leben gehört die Dunkelheit genauso wie das Licht.

Denn wir sind nicht perfekt, und wer meint, er sei es, irrt am meisten. Darin liegt die Wahrheit. Wir erfahren, daß uns Menschen unserer Umgebung verlassen, manche sogar freiwillig. Freunde werden krank. Die Krankheiten von heute, Krebs und Aids, das sind Ereignisse, die den Glauben sehr gefährden. Man vergißt und verdrängt ja schnell.

Vom Priester sein und vom Priester werden

Ich möchte jetzt zu einem großen Thema kommen: zum Priestertum und zum Priestersein. Ich wollte zuerst nach Ihrem persönlichen Weg fragen, wie Sie auf den Gedanken gekommen sind, Priester zu werden?

Je älter ich werde, umso mehr bin ich davon überzeugt, daß der Wille allein nicht ausreicht, um Priester zu werden, denn die Geschichte lehrt, daß diejenigen, die unbedingt Priester werden wollten, nicht unbedingt die besten Priester waren. Es gibt den Satz im Hebräerbrief, es seien nur diejenigen gut, die berufen sind wie Aaron. Die Kirche und jene von Gott zugelassene beziehungsweise berufene Gemeinschaft holen diejenigen, von denen sie glauben, sie seien berufen oder sie seien geeignet, einen Weg der Berufung zu gehen. Ich habe noch nie viel von Bestrebungen gehalten, die meinen, man könne dieses Amt oder diese Berufung an sich reißen.

Das hieße aber, daß die Kirche und Geistliche auf Menschen zugehen und sagen müßten: »Wir glauben, Du bist geeignet zum Priestertum!«

Das sollten sie unbedingt.

Das passiert heute aber noch viel zu wenig, ist mein Eindruck.

Ja, leider. – Mir ist folgendes widerfahren: Ich kannte einen Dekan, den Pfarrer von Dornbirn, Pfarre St. Martin. In ihm habe ich gesehen, was ein Mensch zu leisten imstande ist. Er war aus Schwarzenberg im Bregenzerwald, aus einer gut situierten Bauern- und Gastwirtfamilie, der sich in den letzten Nachkriegsjahren zu einem großen Mann der spontanen Karitas entwickelt hatte. Ich sehe heute noch vor meinen Augen, wie seine Haushälterin immer am Abend nach der Ministrantenstunde verzweifelt versucht hat, etwas für ihn zu kochen, er hatte aber bereits den Küchenkasten ausgeräumt und den Inhalt verschenkt.

Er war dieses Beispiel – die karitative Seite der Kirche –, der in mir den Wunsch hat reifen lassen, ich möchte so wie dieser Pfarrer sein. Er war der erste Mensch, der versucht hat, mich in ein Gymnasium zu schicken und zwar in ein Knabenseminar nach Schwaz.

Haben Sie eine Berufung gespürt?

Ich konnte nie sagen, ich bin berufen oder ich habe von oben einen Auftrag gespürt oder es war der Heilige Geist, der mich angerührt hat. Es wäre vermessen, und ich würde lügen, wenn ich so etwas sagen würde.

Ich hatte einen guten Freund, der mich mit zur Ministrantenstunde nahm. Das war für mich keine selbstverständliche Sache. Ich war ja kein unfrommes Kind, aber ich kam aus einer bestimmten Ecke – mein Vater war ein christlich Sozialer, so würde ich es heute definieren, und das war in der Zwischenkriegszeit nicht sehr gefragt. In den Augen des Sozialismus war man ein Verräter, und in den Augen der Frommen war man links. Er mußte trotz des ein Gesetzes, daß Väter, die drei Söhne an der Front hatten, selber nicht mehr einrücken mußten, in den Krieg ziehen. Mein Vater hatte große Schwierigkeiten mit dem Regime, aber sie waren ja so fair – ich meine das jetzt sarkastisch –, ihn entscheiden zu lassen, ob er lieber in ein Arbeitslager wollte oder an die Front. Nachdem er schon zwei Cousins in Lagern verloren hatte, einer wurde in Innsbruck geköpft und einer kam in Mauthausen an der berühmten Stiege um, hat er sich für die Front entschieden.

Als mein Vater nach zwei Jahren Gefangenschaft zurückkam, war er allen Dingen gegenüber sehr zurückhaltend, sei es Kirche, sei es Parteipolitik. Ich kann mich erinnern, daß ich in Dornbirn ein Kasperltheater, ein Marionettentheater, veranstaltet von den Roten Falken, besuchte. Ich hatte natürlich keine Ahnung, was die Roten Falken waren, aber mir hat das Kasperltheater sehr gut gefallen, und es hat mich dort auch einer für die Roten Falken anwerben wollen. Das habe ich am Abend meinem Vater erzählt und gedacht, er freut sich, aber er hat mir davon abgeraten. Er hat gesagt, es gibt unglückliche Dinge, und eines davon ist die Parteipolitik. Ich war vielleicht zwölf Jahre alt, aber sein Satz ist mir in Erinnerung geblieben. Darum war er wahrscheinlich auch nicht sehr begeistert, als ich später zu den Ministranten ging, aber er hat nie etwas dagegen gesagt. Damals gab es ja zahlreiche Roratemessen im Advent; die haben sehr, sehr früh begonnen. Mein Vater hat mich immer geweckt, er hat mir sogar heiße Milch ans Bett gebracht. Heute sehe ich, daß mein Weg und mein vertrauensvolles Bild von Gott auf diese Handlungen meines Vaters zurückgehen. – Er hat auch jeden Morgen meiner Mutter, die ein Morgenmuffel war, den Kaffee ans Bett gebracht, dann erst ist er arbeiten gegangen.

Welchen Beruf übte Ihr Vater aus?

Er war Textilmeister in einer großen Dornbirner Fabrik mit einer Arbeitsmoral, die unüberbietbar war. Diese alten Dornbirner Textilangestellten haben immer so getan, als ob ihnen die Fabrik gehört, haben mit einer Verantwortung gehandelt, als ob ihnen und nicht den Chefs alle Verantwortung zukäme. Das hat mich geprägt. Ich hänge deshalb vielleicht an der Kirche, weil ich denke, wenn man dort sozusagen »beschäftigt« ist, hat man Verantwortung für sie; bei aller Kritik, die man selbst in sich trägt, geht es zuerst einmal darum, daß man zu etwas Ja sagt. Man soll sich überlegen, wie man etwas ändern kann, und notwendige Korrekturen nicht immer nur den anderen überlassen.

Ihre Zeit als Ministrant war also die Keimzelle Ihrer Entscheidung, Priester zu werden?

Ja, damals wurden ja noch die Messen und das Confiteor – ein langes Gebet am Anfang des Gottesdienstes – in lateinischer Sprache gelesen. Ich war fasziniert davon, daß meine Freunde Dinge auswendig konnten, von denen sie nicht wußten, was sie eigentlich bedeuteten. Ich wollte das unbedingt auch können. Heute glaube ich, daß mich das Confiteor zum Priestertum gebracht hat.

Der Dekan Emanuel Treitner hat gesehen, daß mir egal war, wann ich aufstehen mußte, weil ich immer kam. Ich wurde deshalb für Spezialmessen eingesetzt. Später bin ich noch einem zweiten großen Priester begegnet, Monsignore Prälat Karl Drexel, der in der Zwischenkriegszeit Abgeordneter im österreichischen Parlament war, während des Ständestaates. Er holte mich ab und nahm mich mit zu einer persönlichen Messe; in zehn Minuten war er fertig, und ich durfte ihm die Tasche zum Bahnhof nachtragen. Dafür hat er mir fünf Schilling gegeben, was damals viel Geld war. Seine Eleganz und Größe haben mich fasziniert.

In unserer Schule hatten wir ausgezeichnete Kapläne; einer hat mir besonders gut gefallen, weil er uns seine Bücher geborgt hat, aber nur wenn man besonders gut und brav war; dann konnte man sich zwei oder drei Heftchen ausleihen. So zum Beispiel die katholischen »Rolf Torring«-Hefte mit den Missionsgeschichten oder Ausschnitten aus katholischen Romanen, die es gegeben hat. Die fand ich sehr spannend. Mich hat Literatur sehr interessiert; dieses Interesse war ein weiterer Grund, in der Kirche verankert zu bleiben. Ich bin in die katholische Jugend hineingewachsen. Ich wußte damals schon, daß ich Priester werden möchte – das ist mein Weg, den ich gehe.

Sie haben aber vor Ihrem Theologiestudium noch gearbeitet?

Ja, es kam etwas dazwischen. Mein Vater wurde krank. So wollte ich mir mein Studium selbst verdienen. Ich arbeitete drei Jahre im Konsum und ein Jahr beim Bezirksgericht; ich bin dann in Innsbruck in die sogenannte Arbeitermittelschule gegangen und habe im zweiten Bildungsweg 1961 maturiert.

Auch später arbeitete ich nebenbei. Ich bediente die riesigen Maschinen, mit denen die langen Gänge im Priesterseminar und in der Kapelle gereinigt wurden. Später gründeten wir eine seminareigene Zeitung; und der Kaplan Regens hat offenbar erkannt, daß ich gewisse Neigungen habe. So hat er mich damit betraut, die Seminarzeitung zu machen.

Sie sind nach Ihrer Matura also gleich ins Priesterseminar eingetreten?

1961 bin ich ins Priesterseminar eingetreten, wo ich im dritten Jahr für ein Jahr nach Spanien fuhr, nach Salamanca, da es damals in Vorarlberg sehr viele spanische Arbeiter gab, die noch keine Seelsorgebetreuung hatten. Bischof Rusch, der der Diözesanbischof für Tirol und Vorarlberg war, hat mein Auslandsinteresse bemerkt und gesagt, ich solle nicht unbedingt nach Rom gehen – und so bin ich nach Salamanca gekommen. Ich habe dort ein bißchen Spanisch gelernt und bin später zurückgekommen, obwohl ich am liebsten bleiben wollte, um das Doktorat zu machen. Ich habe diesen Wunsch Bischof Rusch brieflich mitgeteilt, doch er und der damalige Generaldekan in Vorarlberg haben mir geantwortet, ich solle zurückkehren, sie möchten lieber einen Kaplan als einen Doktor. Gehorsam – wie ich damals noch war – bin ich zurückgekommen, was mir leid getan hat. Heute bereue ich es nicht mehr, obwohl ich gesehen habe, wie wichtig es in Österreich ist, den Doktortitel zu besitzen.

1966 wurde ich zum Priester geweiht. Klaus war mein erster Dienstort, später wurde ich in eine der gefürchtesten Pfarreien Vorarlbergs versetzt, nach Bregenz-Mariahilf. Das war 1967, und seit damals bin ich dort.

Jetzt muß ich die Frage stellen, die sich viele österreichische Fernsehzuschauer stellen: Warum ist der August Paterno noch immer ein Kaplan?

Diese Frage ist leicht zu beantworten: Weil es erstens nie in meinem unbedingten Denken war, Pfarrer zu werden, und zweitens weil ich sehr viel im Schulbereich tätig war – Handelsakademie, Handelsschule, Berufsschule, die Erstkommunikanten in der Volksschule. So war ich ständig in anderen Bereichen involviert, außerdem startete ich sehr früh meine Tätigkeit in den Medien, im Radio. In Vorarlberg haben wir eine Sendung, die ich seit 1968 mache, das sogenannte Krankenwunschkonzert. Im Rahmen dieses Krankenwunschkonzertes am Freitagnachmittag gibt es ein »Wort an die Kranken«, früher gesprochen vom Pfarrer von Schruns, einem sehr beliebten Priester. Mit milder Stimme hat er zu Beginn »Grüß Gott, Ihr lieben Kranken!« gesagt. Bald wurde er selbst krank und starb. Sein Nachfolger starb ebenfalls innerhalb eines Jahres. Daraufhin stellte man einen Salzburger Kapuziner ein, er ist auch gestorben. Dann hat man mich gefragt, und ich habe gesagt: »Ja, das ist ja eine liebe Angelegenheit, wenn da alle sterben. Andererseits, nachdem alle ›guten‹ Dinge drei sind und ich bin jetzt der vierte, vielleicht geht es wieder neu los.« Tatsächlich moderiere ich diese Sendung bis zum heutigen Tag.

Wie kamen Sie zum Fernsehen?

In meiner Schule, an der Handelsakademie, unterrichtete der damalige Vertreter der Hörfunkkommission des ORFs. Er wollte den Vorsitz in der Hörfunkkommission der katholischen Kirche nicht mehr innehaben und hat ihn mir abgetreten; durch Zufall bin ich dann mit der Fernsehkommission zusammengekommen, die gerade TV-Tests für »Christ in der Zeit«-Sendungen machte.

Ich wurde zu einer Probe eingeladen und im Anschluß daran für das Fernsehen verpflichtet; das war 1971. Damals hat meine Fernseharbeit begonnen, die mit der Sendung »Fragen des Christen«, die von vier katholischen und einem evangelischen Pfarrer bestritten wurde, noch intensiver wurde.

Aus diesen Gründen war ein Pfarrersein, das ja eine gewisse Anwesenheitspflicht erfordert, für mich nicht möglich. Außerdem ist in Vorarlberg, in der Diözese Feldkirch, das Kaplansein etwas anderes als in anderen Diözesen.

In anderen Diözesen ist der Kaplan immer nur der Anfänger.

Ja, der dem Pfarrer sehr eng zugeordnete Mitarbeiter. In Vorarlberg sind wir Kapläne vom Pfarrer getrennt, der Kaplan ist ein eigenständiges Wesen. Vor allem ist bei uns fast jeder ein Kaplan, der nicht Pfarrer ist, und so bin ich ganz einfach der Medienkaplan geblieben.

Warum liest und hört man so oft den Beinamen »Pater« vor Paterno, obwohl Sie doch kein Ordensmann sind?

Ich glaube, diese Sache gehört zu den Dingen, die man nicht erklären kann. Ich kann mir nur vorstellen, daß der Grund dafür im Alliterarischen liegt. Es ist ein Etikett, es ist beinahe so wie bei Schauspielern und Sängern, die einfach nur mit dem Vornamen oder Nachnamen benannt werden wie zum Beispiel »die Piaf«. Ich glaube, bei mir ist das wie das Etikett auf einer Flasche, nachdem der Name Paterno fast nach Pater schreit, hat sich das so ergeben.

Den Höhepunkt dieser Entwicklung gestaltete ein guter Freund, der ehemalige ORF-Intendant Ernst Wolfram Marboe, der mich entweder »Gustl« oder »Pater Paterno« nannte. Bei der Sendung »Café Central« vom Bodensee hatte man ihm einen Zettel hingelegt: Bei der Begrüßung bitte nur »Kaplan« Paterno sagen. Er hat daraufhin die Leute am Tisch ringsum begrüßt, und als er zu mir gekommen ist, hat er gesagt: »Ja, und ganz besonders freut mich, daß mein Freund, der Kaplan Pater August Paterno, da ist.« Und seit diesem Tag habe ich es aufgegeben, noch irgendeinmal zu reklamieren.

Also: Pater Paterno, wir wollen wieder auf das Priestertum im allgemeinen zurückkommen und auf die Frage, warum es heute so schwer ist, jedenfalls in Europa, Priester zu finden. Kann es daran liegen, daß ein Priester immer wieder als eine Lichtgestalt dargestellt wird, ein Mensch, der nur positive Eigenschaften hat und wie ein Heiliger lebt, also etwas Unerreichbares? Und weil er, wenn er in dieser Position Fehler macht, sofort als Heuchler dasteht?

Vielleicht ist es frevelhaft, was ich jetzt sage, aber meiner Ansicht nach arbeiten wir Priester in einem »Projektionsjob«. Ich verstehe darunter, daß manche Menschen in einen Priester Dinge hineinprojiziert haben, die nicht drinnen sind, aber wir fühlen uns alle schwach und möchten in einem Menschen oder in einem ganzen Berufsstand jene Sehnsüchte erfüllt sehen, die man selber nicht erfüllen kann. So ist es nur verständlich, daß Priester bei der Priesterweihe sehr hoch hinaufgehoben werden, fast auf Postamente wie Heilige, aber wehe, sie machen einen Fehler, niemand wird schneller und weiter heruntergeholt als Priester.

Es ist eine psychologische Erfahrung, daß wir jemanden brauchen, dem man das Gute andichtet. Vielleicht war das der innerste Grund für die Hexenverbrennungen. Man wollte und mußte jemanden haben, dem man auch das Gefährliche, das Böse andichten konnte, ähnlich wie dem Sündenbock im Alten Testament. Die hohen Priester in Jerusalem fluchten dem Bock alle Sünden des Volkes hinauf und schickten ihn in die Wüste. Es ist interessant, daß parallel dazu ganz reine Phänomene auftauchen. Wir wissen, daß an Orten, wo eine große Tendenz bestand, die Dinge zu reinigen, also Hexenverbrennungen stattfanden, auch eine sehr starke Marienverehrung existierte.

Man hatte von der Mutter Gottes ein Bild gezeichnet, das vollkommen überzeichnet war: die ganz reine, die ganz unschuldige Frau. Andererseits blieb aber auch die dunkle, die böse Seite. Offenbar brauchen wir Menschen diesen Gegensatz.

Noch ein Umstand zählt für die Bereitschaft zum Priestertum. Es zeigt sich, daß dort, wo die Kirche im Kampf ist, das Priestertum positiv gesehen wird, während dies in Orten der Sättigung immer schwerer wird. Man hinterfragt Dinge, an denen man nicht zweifelt, wenn man im Lebenskampf steht. Musterbeispiel dafür ist meiner Ansicht nach der Zölibat.

Was ist Ihre Meinung zum Zölibatszwang?

Während meines Studiums habe ich die historischen Quellen gelesen, wie es zum Zölibat gekommen ist, die damaligen Abstimmungen, und ich stellte fest, daß jene Länder, in denen sich die Menschen bekanntlich immer schon schwer getan haben mit dem Zölibat, seinerzeit begeistert dafür gestimmt hatten: Frankreich, Spanien oder Italien. Die alemannischen Bischöfe waren sehr dagegen, weil bei den Germanen im Norden ein ganz integerer Familienbegriff bestand und man sich nicht vorstellen konnte, daß Männer, die im Volk etwas darstellen, ohne Kinder bleiben sollen.

Für die ersten Jahrhunderte kann man sicher sagen, daß gerade diejenigen, die für den Zölibat waren, ihn nicht immer so ernst genommen haben, während die Leute im Norden exakter waren. Wir waren keine Heiligen, aber der Hang am Zölibat war sicher stärker.

Heute kommt dasselbe verstärkt wieder.

Ich kann mich an mein Studium erinnern, als das Komplementäre in der Psychologie betont wurde, das bedeutet, daß der Mensch nur am Du zum Ich wird. Der Mann erreicht seine Vollkommenheit nur durch die Frau und die Frau nur durch den Mann. Wenn man das als junger Mensch hört und selbst vielleicht gerade in einer persönlichen Krise steckt, ist es nicht unbedingt förderlich zu wissen, daß man unvollkommen ist. Später wird es einem eher gleichgültig, aber es gibt Phasen im Leben, in denen zur persönlichen Unsicherheit noch diese Diskussion dazukommt, und dann ist ein zölibatäres Leben gegenüber einem Leben in einer ehelichen Gemeinschaft ein ungültiges und sehr schwieriges Verhältnis. Denn eine Ehe ist doch etwas Handfestes, und es ist leichter, sich an einen Menschen zu binden als an ein geistiges Prinzip, wie es die Treue zu Jesus ist.

Heute entdecke ich, daß es Menschen gibt, nicht nur Priester, die sich für eine zölibatäre

Lebensform entscheiden. Das kann nun ein Bäcker sein oder eine Journalistin oder wer auch immer, der erkennt, daß ihn die Arbeit im Reich Gottes so beansprucht, daß er beides nicht in Wahrheit realisieren kann. Was aber damit nicht heißt, das möchte ich betonen, daß es einen qualitätsmäßigen Unterschied zu den anderen gäbe. Aber für die Qualität des eigenen Lebens kann es bedeuten, daß sich manche leichter tun, wenn sie nicht heiraten. Das werden ganz, ganz wenige sein, aber es wird sie geben.

Ich glaube nicht, daß der Zölibat ein heidnisches Relikt ist. Ich leugne das. So etwas kann nur jemand sagen, der nichts von den Mönchen, die in den Wüstenklöstern von Ägypten oder St. Georg in Juda gelebt haben, und ihren Beweggründen weiß. In diesen jungen Menschen lebte die Erwartung, daß der Herr kommt. Sie haben sich gefragt: »Was könnte uns dabei ablenken, auf den Herrn in geeigneter Weise zu warten?« Es waren dies: Reichtum und Frauen. Wenn es Frauen waren, muß man gleichzeitig auch sagen: Männer. Sie haben gesagt: »Wenn mein Denken nur ums Geld kreist, ist alles andere blockiert, wie soll ich auf den Herrn warten, der von mir Einfachheit will, wenn ich nur schaue, wie ich mein Vermögen vermehren kann? Wenn ich aber Familie habe, muß ich für meine Frau und meine Kinder sorgen.«

Man hat ja nicht gewußt, wann Jesus wiederkommt, und hat seine zweite Wiederkunft trotzdem ständig erwartet?

Es gab eine Gruppe, die ihn herbeibeten wollte; die gibt es ja heute noch im Judentum. Das zeigt nur, wie stark die Sehnsucht ist, daß endlich das Reich des Friedens kommt und sein König die Wende herbeiführt. »Er muß kommen und am besten morgen.« Darum gibt es auch den gewaltigen Ruf, den wir ab und zu im Advent noch hören: »Wann kommst Du endlich!« Wenn man den Zölibat so versteht, versteht man ihn anders und man versteht ihn richtig.

Im Jahre 1998 kann aber der Zwang zum Zölibat völlig mißverstanden werden: Der Priester ist dann ein Wesen, das nicht mehr von dieser Welt ist, weil der Zölibat als etwas Unnatürliches empfunden wird. Da wird jemand zu einem bestimmten Verhalten gezwungen, und dann will gerade der uns etwas über das Leben erzählen.

Der Zölibat wird dann wieder aufleben, je mehr er sich zur Freiwilligkeit durchringen kann. Darüber hinaus steht mir kein Urteil zu, weder über die Vergangenheit noch über die Zukunft. Die Kirche war überzeugt, auch auf Grund finanzieller Überlegungen, daß es besser ist, den Zölibat vorzuschreiben. Nun zeigt sich heute, daß diese Argumente offenbar in Gebieten wie in Mitteleuropa oder Nordamerika nicht überzeugen. Aber es gibt auch Zweifler und zwar vor allem von der psychologischen Seite her, denn die Sehnsucht nach der integeren Familie scheint mir nicht mehr so groß zu sein. Fast parallel mit dem Zölibat ist die Familie ins Gerede gekommen, sonst gäbe es nicht so viele Scheidungen. Das sind natürlich Dinge, die man gerne verschweigt. Offenbar sind alle Bindungen, seien es nun geistige oder leibliche, sehr ins Wanken geraten.

Ich glaube, man muß dazu ergänzen, daß es nicht nur um die Familie, sondern um die Sexualität jedes einzelnen geht, und daß die Leute meinen, jemand, der keine Sexualität hat oder vorgibt, keine zu haben, wohl nicht in ihre normale menschliche Welt gehören kann.

Man vergißt, daß es das Phänomen der Sublimierung gibt. Ich bin außerdem davon überzeugt, daß es einmal das geben wird, was zum Beispiel in der altkatholischen Kirche verwirklicht ist: Einige heiraten, und die anderen, die nicht heiraten, gelten ebenso. Denn es gibt ja auch die andere Ausprägung, daß man es sich gar nicht leisten kann, nicht verheiratet zu sein. Man soll im Rahmen der Freiheit auf jeden Fall für beide Möglichkeiten stehen dürfen.

Ich bin mir bewußt, daß ein heutiger Mensch

sehr schwer unterscheidet zwischen einem Prinzip, das geistig ist, und den Dingen, die sich heute rund um die Sexualität abspielen.

Ich sehe das an meinem eigenen Leben: Kommt man mit Männern gut aus, gilt man bald als homosexuell, und versteht man sich mit Frauen, wird man für Casanova gehalten. So werden wir Priester ja zum Teil beurteilt. Denjenigen, die weder Fisch noch Fleisch sind, traut man gar nichts zu. Und die bewirken, meiner Ansicht nach, auch nichts in der Seelsorge. Es kommt vielleicht wieder einmal die Zeit, in der man sieht, daß es geht, auch mit Schwierigkeiten. Selbst dem, der sich freiwillig für den Zölibat entscheidet, bleiben die Schwierigkeiten des Lebens nicht erspart. Es würde ja nicht den Regeln der Bibel entsprechen, wenn es einem Mann egal wäre, eine schöne Frau zu sehen. In der Genesis steht als erstes, Gott hat sie als Mann und Frau und füreinander geschaffen, damit sie das Leben bewältigen, miteinander die Welt menschlicher und schöner zu machen. Das andere, das zölibatäre Leben, ist eine Ausnahme, und darum sagt Jesus: »Wer es fassen kann, der fasse es.« Dieses »wer« ist eine Einschränkung. Die Apostel selbst waren alle verheiratet, bis auf Johannes, und der hat sich dann besonders an die Mutter Gottes angelehnt.

Sie haben allerdings alle ihre Familien verlassen, als sie Jesus gerufen hat.

Nicht alle, nur der innerste Kreis. Ich gebe eines zu bedenken: Sie zogen zweieinhalb Jahre mit Jesus durch das Heilige Land und sind immer nach Galiläa zurückgekehrt. Das heißt also, dieses Verlassen ist ähnlich zu sehen wie das längere Verlassenwerden einer heutigen Ehefrau von ihrem Mann, der Manager und auf Reisen ist. Ein verheirateter Journalist ist vielleicht weniger bei seiner Frau, als es damals die Apostel waren.

Außerdem sind die Frauen ja meistens mitgezogen. Leider trauen sich nur wenige Texte schüchtern anzumerken, daß die Kinder und Frauen auch dabei waren. Es ist interessant, sobald die Frauen im Neuen Testament dominant werden, will man sie elegant wegbugsieren. Im Markus Evangelium steht: Die Frauen – die heutige Übersetzung lautet »die Leute« – brachten ihre Kinder zuerst. Das Management um Jesus herum meinte, Frauen und Kinder nicht zu brauchen und schickte sie fort. Jesus wurde noch deutlicher: »Ich sage Euch sogar eines, wenn Ihr nicht werdet wie diese da, werdet Ihr niemals glücklich werden. Und zwar so glücklich, wie ich es verstehe.«

Man muß als Priester in der Kirche, einer Institution mit bestimmten Regeln, gehorsam sein. Ich habe dazu von Ihnen einmal einen beeindruckenden Satz gehört: »Ich habe noch nie so viel Freiheit verspürt wie in der Kirche.« Gehorsam und Freiheit – das klingt wie ein Gegensatz, wie paßt das trotzdem zusammen?

Ich könnte ähnliches antworten wie einst Konrad Lorenz, der große Erforscher der Graugänse, auf die Frage geantwortet hat, warum er ein so erfülltes und freudiges Leben hat. Er hat gesagt: »Weil bei mir Hobby und Beruf so nahe beisammen sind. Ich liebe die Graugänse und deshalb ist es für mich nicht schwer, sie zu erforschen.« Ähnliches habe ich in meinem Leben erfahren. Dadurch, daß ich in der Kirche vieles tun konnte, was ich gerne getan habe, kam ich nie in Konfliktsituationen. Ich hatte nie Probleme damit, etwas erreichen zu wollen und trotzdem zu sehen, daß ich es nicht durchsetzen kann. Ich durfte bis jetzt in meinem Leben verstehen, daß meine Enttäuschungen keine Enttäuschungen waren, sondern nur das Ende von Täuschungen. Immer, wenn ich mir früher eingebildet hatte, so müßte es gehen, wurde ich enttäuscht. Aber zum Glück lernte ich später, nie traurig darüber zu sein, weil sich immer wieder etwas anderes aufgetan hat, bei dem ich dann vielleicht sogar noch mehr gefordert war.

Ich kann darum nicht mit anderen mithalten, die gerne über die Kirche jammern. Gerade mit den Entscheidungen meines Bischofs in Vorarlberg, aber auch mit denen der Bischöfen in Wien hatte ich nie solche Probleme, daß ich gesagt hätte: »So, jetzt verlasse ich diesen Saftladen.« Alle Christen haben mich auf ihrer Seite, wenn es ihnen um die Kirche geht. Genauso wie ich jeden unterstütze, dem es um den Menschen geht, denn meine Philosophie und mein Glaube sind in dem Fall eins und hängen sich auf an der Menschwerdung Gottes.

Wenn Gott uns schon seinen Sohn als Ikone schickt, dann kann es ja nicht so schlecht sein, dieses Menschsein. Wir sind Menschen und damit offenbar Wesen, die zu einer höheren Entwicklung geführt werden und wurden. Ich bin zutiefst überzeugt, daß wir Menschen überhaupt noch nicht ausgereift sind. Darum bin ich auch nicht so traurig, daß gewisse Entwicklungen in der Kirche noch nicht so weit sind, wie sie sein könnten.

Aber sogar die Traurigen wirken systemfördernd, weil die Traurigkeit relativiert. Wenn sich ein Mensch in der Kirche unwohl fühlt, einige Sachen ihn traurig stimmen, kann er sich fragen, was ihn zur Trauer führt, warum er weint. Ich habe dann immer entdeckt, daß nur zwanzig Prozent beklagenswert sind, über achtzig Prozent könnte ich hinwegweinen.

Manche Leute fragen: »Warum hat Jesus nicht alle Aussätzigen geheilt? Warum tut er es heute nicht, falls er wirklich heilen kann?«

Ich glaube, er hat das nicht für uns getan, damit wir uns den Aussätzigen gegenüber so verhalten wie er. Wir sollen nicht jeden Tag warten, daß Jesus wiederkommt und Wunder wirkt. Ich glaube auch nicht, daß er einfach nur ein Wunderheiler oder ein Zauberer war. Er wollte, daß wir an seinen Beispielen sehen, wie Menschen einander näher kommen, die Reichen und die weniger Reichen, die Klugen und die weniger Klugen, die Tüchtigen und die weniger Tüchtigen und daß sich die Summe der Bewegung durch die Annäherung ergibt. Und da sind wir alle erst am Anfang.

So wie ich auch überzeugt bin, daß Jesus von Nazareth achtzig Prozent des Hasses aus der Welt hinausgeliebt hat, indem er sich denen zugewendet hat, die lieblos behandelt wurden, die im wahrsten Sinne des Wortes Außenseiter waren.

Die Kirche ist eine Institution mit vielen Fehlern, die man natürlich nicht so beurteilen kann wie jeden x-beliebigen Verein. Aus dem Verein Kirche wären vielleicht schon viel mehr Menschen ausgetreten.

Wir reden immer von dem Vater Gott, aber von der Mutter Kirche. In dieser Mutter Kirche gibt es alle Phänomene, die in einer leiblichen Mutter vorhanden sind. Sie wird älter, man schämt sich ihrer ein bißchen, und anstatt daß man ihr ein Gurkengelee bringt, schimpft man nur oder sucht sich eine freundlichere, kommunikativere Frau. Was da ganz unter die Räder kommt, ist der Begriff der Treue zu einem nicht perfekten System. Genauso wie heute der Begriff der Treue zu einem nicht so perfekten Menschen sehr schnell einbricht, sei es auf der Beziehungsschiene in der Familie, sei es im Berufsleben.

Leider sehen Menschen oft erst in anderen Bereichen Dinge positiv und sind bereit, sich einzusetzen, was sie zuvor im herkömmlichen System genauso hätten tun können. Es ist für mich ein Phänomen, das mich traurig stimmt. Es ist die Frage, warum sich jemand in der Kirche nicht um das Gebet und andere Dinge bemüht hat, wie er es jetzt beispielsweise in einer Sekte tut.

Alles könnte man in der Kirche tun. Die Kirche als Institution ist die Summe all jener Menschen, die in ihr etwas tun. Und sind es viele, die etwas tun, dann ist sie gut, sonst wäre es eine faule Kirche, der es eher egal ist, wie es den Menschen geht. Eine faule Kirche verwaltet die Sakramente nur, und die Probleme, die die Menschen wirklich haben, tangiert sie nicht. Das ist in jedem Institut so, das eine gewisse Größe erreicht, und wo einige das Beamtentum höher betonen als die Einsatzbereitschaft.

Es gibt einen Widerspruch zwischen dem Glauben, der da ist, und der Institution. Die Menschen glauben, aber sie entfernen sich dabei doch von der Institution und Organisation Kirche.

Es gelingt uns manchmal nicht, den Menschen Geborgenheit zu vermitteln. Noch nie haben sich so viele Menschen gelangweilt und nicht geborgen gefühlt. Mich hat vor kurzem die Bemerkung eines jungen Mannes beschäftigt, der sich zu Allerheiligen mit seiner Familie treffen sollte. Er hat zu mir gesagt: »Weißt Du, Kaplan, nirgendwo fühle ich mich einsamer, als wenn alle beisammen sind.«

In der Kirche ringen wir oft um Worte, aber noch mehr sollten wir uns um Taten kümmern – um den Menschen wieder Geborgenheit vermitteln zu können. Es gibt politische und religiöse Bewegungen, die das erkannt haben. Aber nur die katholische Kirche ist die Institution, die diese Sehnsucht des Menschen stillen kann. Es wird sich in der Kirche wieder das entwickeln, was wir Basisgemeinde nennen.

Von göttlichen Orten und von irdischen Gebeten

Gibt es Stätten oder Orte, an denen sich Gott uns eher zeigt als an alltäglichen Plätzen?

Ich glaube, daß es Orte gibt, an denen es das Göttliche leichter hat, sich zu zeigen. Für mich existieren solche Orte, und man fragt sich, warum dort. Man könnte rein geographisch sagen, es sind die Höhen. Nun fühle ich mich aber auch in Höhlen, in Mulden wohl. Es ist sehr schwer zu sagen, was alles zusammenkommen muß, damit ein Ort heilig ist; vielleicht wenn mehrere Menschen spüren, daß ein bestimmter Ort etwas Besonderes hat. Eine Stelle, die mir viel bedeutet, ist der Abhang am See Genezareth, der heute als der Berg der Seligkeit bezeichnet wird. Wenn man dort steht und auf den See und auf die Orangen- und Zitronenhaine hinunterschaut, spürt man etwas von der Unmittelbarkeit. Man meint, man müßte vielleicht nur die Augen schließen und Jesus von Nazareth stünde wieder da.

Auf dem Berg Tabor, einer uralten Pilgerstätte natürlich, hat man ähnliche Gefühle. Dasselbe gilt für den Berg Sinai: ein faszinierender Fels, eine faszinierende Höhe, eine faszinierende Sicht, ein meist unvergleichlich schöner Sonnenaufgang – und wenn man dort die Hände nach oben streckt, meint man, man könne den Segen von oben fühlen. Ich kann gut verstehen, daß Moses in dieser Höhe die zehn Gebote eingefallen sind.

Ich habe ähnliche Gefühle in Nepal gehabt, in zwei buddhistischen Tempeln, wo sich durch die Heiligkeit der Mönche und durch die Intensität des Gebetes das Göttliche zusammenballt. Wo man einfach ergriffener ist und fühlt, man ist ein anderer Mensch, als wenn man dem Alltag ausgesetzt ist.

Auch im Urwald Costa Ricas habe ich einen solchen Platz endeckt. Er diente früher den Einwohnern als Kultstätte, ein richtiger kleiner Kosmos. Der Platz sieht aus wie lauter verschiedene Planeten, lauter kleine, runde Steinhügel mit flachen Steinen, auf denen sie früher getanzt haben und sich zugleich mit dem Kosmos eins gefühlt haben.

Es scheint, als ob es in der Geschichte immer Menschen gab, die solche Gegenden gefunden haben. Ich vermute, daß viele Menschen ein Sensorium dafür haben.

Die Kirche hat offenbar des öfteren dort Kirchen hingebaut, wo schon früher Kultstätten waren.

Das nennt man Inkulturation. Wenn auch früher vorchristliche Verehrungen stattfanden, Götzenverehrung oder Götterverehrung, stand hinter dem Ganzen doch der eine Gott.

In der Beziehung beeindruckt mich das Pantheon in Rom, in dem schon die Römer ihre Götter verehrten.

Ja, freilich, es gibt Gebäude, die eine gewisse Ehrfurcht vermitteln. Für mich ist der ältere Teil der Kathedrale von Salamanca ein Raum, der unheimlich Mystisches ausstrahlt. Aber auch der Raum, der jedem Menschen gegeben ist, wenn er seine Augen schließt und sich der Stille anvertraut, ist ein Raum zum Abschalten, zu dem, was ich Besinnung nenne. Man kann das geschlossene Augenpaar zu einer eigenen Kathedrale machen, genau wie es Jesus von Nazareth erklärt: »Wenn Du mit dem Vater reden willst, so gehe in Dein Kämmerlein.«

In politisch unruhigen Zeiten war das Schweigen oft ein ganz wichtiger Moment. Mahatma Gandhi hat sogar einmal gemeint, ein Mensch, der nicht eine Stunde am Tag für sich reservieren kann, bleibt kein Mensch. Eine Stunde ist für viele Menschen sehr viel – für Mütter mit Kindern zum

Beispiel, wann können die sich für eine Stunde zurückziehen? Und: Wohin ziehen wir uns zurück, bei dieser Art des Wohnungsbaues in Mitteleuropa?

Aber Sie würden eine solche tägliche Übung des Schweigens empfehlen?

Ja. Es gibt beim Schweigen einen Nebeneffekt: Man hat die große Chance, sich selber zu erkennen – was im Glauben eine große Rolle spielt. Ich habe mir angewöhnt, mich zu Weihnachten – entweder am 23. oder am 24. Dezember – ganz in der Früh trotz all der Hektik hinzusetzen und nichts zu tun. Und mir alles einfallen zu lassen, was mir einfällt. In diesen Tagen besuchen einen auch immer Menschen, die man mag und die man nicht mag oder mit denen man sich schwer tut; und man hat dann in Ruhe die Möglichkeit, sich mit allen zu beschäftigen und sich zu fragen: »Wie komme ich mit dem, was mich bedrängt, ins reine?« Das ist dann Weihnachten. Es geht um die Menschlichkeit, auch in sich selbst, weil es ja sinnlos wäre zu glauben, Weihnachten sei etwas Externes. Angelus Silesius hat gesagt: »Wäre Christus hundertmal geboren und nicht in Dir, Du wärst verloren.« Es geht also darum, daß die Menschlichkeit Gottes in mir selber Gestalt annehmen kann.

Am Abend sitze ich oft da und versammle alle um mich, die ich mag, ob sie nun leben oder tot sind – und dann gehe ich sehr getröstet ins Bett. Weil ich weiß, daß da so viele Freunde sind, und es nur von meiner Phantasie und meiner Einbildungskraft abhängt, ob ich sie versammle oder nicht. Man spürt dann etwas von der Wahrheit, die der indische Literaturnobelpreisträger Tagore formulierte: »Freunde sind nie heimatlos, weil einer wohnt in des anderen Herz.«

Es ist tatsächlich nicht so wichtig, ob die Menschen, die man mag, dauernd um einen herum sind, im Gegenteil, sie könnten einem dann zu sehr auf die Nerven gehen. Aber wenn man die Kraft behält, sie zu vergegenwärtigen, ist das Leben in Ordnung. Das wären die Stunden, in denen wir den Himmel auf Erden haben, denn das Paradies manifestiert sich in demjenigen, den man mag und der einen liebt. Da darf man sich nicht täuschen. Anders ist das Paradies nicht möglich. Es ist in dem Zusammenhang wichtig, daß man sich selber auch ein bißchen mag. Dann kann man in der Konfrontation mit sich selber erkennen, was an anderen liebenswert ist.

Ich habe einmal folgende Übersetzung gelesen: »Haltet Euch nicht an Euch selber fest, sondern werdet frei von Euch selbst.« Wie ist das gemeint?

Betrachtet man die Freiheit, so gilt: Je leerer man von sich selbst wird, umso mehr kann Gott einfüllen. Man nennt das Korrespondenz. Aber es ist unheimlich schwer, diese zu erkennen. Sie führt dazu, daß man eines Tages den anderen nicht mehr gegenständlich braucht. Das ist auch eine Hilfe beim freiwilligen Zölibat, da es von der Vergegenwärtigungskraft abhängt, wie allein und wie einsam ich mich fühle.

Es ging vorhin um Orte, wo ich Gott näher sein kann. Jede Kirche ist wohl ein solcher Ort.

Überall, wo ich bete, und überall, wo ein Gottesdienst gefeiert wird, lebt die Kirche. Das hängt mit dem zusammen, was Jesus uns gesagt hat: »Tut dies zu meinem Gedächtnis.« An erster Stelle bleibt die Eucharistie und nicht irgendeine Liturgie. Alle anderen Gottesdienstformen sind dieser nicht gleichzusetzen. Sie ist Erinnerung, das zu tun, was Jesus getan hat, und dadurch loben und danken wir Gott.

Darum sind wir gut beraten, wenn wir viel Kraft in die Eucharistie investieren, wenn möglich unsere gesamte Kraft, damit Trost und Hinwendung Gottes in die Feier zum Tragen kommen. Damit wir begreifen, daß dahinter Hingabe steckt, Hingabe und Freude. Für mich war der Wein zugleich immer das Zeichen der Freude und

Hingabe. So wie das Brot ein Beweis für unseren menschlichen Erfindungsgeist, aber zugleich für Großes und Nahrhaftes steht.

Ein starker Satz von Ihnen ist mir im Gedächtnis: »Wir alle sind Körner, die zerrieben werden müssen. Wir müssen uns nur gut überlegen, wofür wir uns zerreiben lassen.«

Der heilige Augustinus sagt: »Wir müssen alle zerrieben werden, damit wir hineingeschüttet werden können in die Kornkammern Gottes.«

Aber Zerriebenwerden ist nichts Angenehmes.

Nein. Die Erfahrung lehrt, daß die tolerantesten, die feinfühligsten Menschen die Gequältesten sind. Menschen, denen nie etwas zugestoßen ist, sind in vielen Dingen blind und fühlen die Wahrheiten des Lebens nicht. Das Leben besteht eben aus einer Mischung von Glück und Leiden. Die glücklichste Erfüllung ist die, daß man erkennt: »Ich bin jetzt zwar gequält oder ausgelaugt, aber ich bin dadurch genießbarer geworden, menschlicher, vielleicht sogar würziger.« Wie Jesus sagt: »Ihr seid das Salz der Erde« – dazu da, die Dinge zu würzen, aber nicht, um anderen die Lebenssuppe zu versalzen. All diese Beziehungen zur Nahrung in den Gleichnissen Jesus' stehen im Zusammenhang. Die gute kirchliche Gemeinschaft ist der Sauerteig, der bewirkt, daß das Brot besser wird, daß die vielen Körner genießbarer werden und nicht nur eines allein. Möge es uns vergönnt sein, unsere Empfindsamkeit noch lange zu erhalten und nicht durch geistiges Fastfood zu ersetzen.

Und wenn man das schafft, kann man sich dann die Mühle aussuchen, in der man zerrieben wird?

Das Geschäft mit der Mühle fällt einem zu. Ich bin nicht der Meinung, daß man es unbedingt suchen soll.

Aber viele zerreiben sich im Beruf, in ihrer Firma, in irgendeinem Geschäftszweig, und kommen vielleicht erst nach Jahren zu dem Schluß, daß das eher sinnlos war.

Ich meine nicht diese Mühle. Die Dinge, in denen wir zerrieben werden, sind gemeinschaftsfördernde. Sie geben einen besseren Zusammenhalt, eine höherliegende Genießbarkeit.

Ich vermute, daß gerade diese bejahte Leidensstruktur auf Menschen zukommt, die das aushalten. Auf einmal wird dieser Mensch Brot für das Leben auf der Welt, indem er sich bereit erklärt, sich zerreiben zu lassen und zerrieben wird. In dieser Bereitschaft wird der Tod brutalst demaskiert, denn der Tod verliert in dem Moment seine Unerbittlichkeit, wenn jemand erklärt, er sei ihm gleichgültig: »Selbst dieses unerbittlichste aller Ereignisse berührt mich letztlich nicht. Wenn ich auch Angst habe, wenn ich falle, wenn ich schreie, wenn ich vor Schmerzen aufgebe.« – »Fürchtet nicht die, die Euch foltern, fürchtet eher die, die Euch den Geist austreiben, den Geist der Hoffnung.«

Darum hatte ich eigentlich nie Angst um die Kirche, weil es immer wieder Menschen gibt, die sich zu dieser Freiheit durchringen, und es ihnen sogar gelingt, aufgrund dessen, was sie von Jesus erfahren haben, den Tod zu relativieren, oft sogar auf humorvolle Art und Weise. Was mich zum Beispiel an Wien fasziniert, ist der Humor des lieben Augustin, der in der Pestgrube landete, weil er als tot angesehen wurde. Danach habe man Tote auf ihn geschüttet. Er sei später erwacht und man habe gerufen, wer denn da drinnen sei. Er erwiderte: »Ja, Augustin, und alles ist hin.«

Man kann diesen Humor ja nicht schöner beschreiben als in dem Gedicht: »Und solcherlei Fröhlichkeit wirkte mit Macht, daß selbst zwei Tote noch lachend erwacht und hurtig ergriffen ein rettendes Seil, das zog aus dem Pestloch sie munter und heil«. Das heißt, die wahre Heiligkeit, der wahre Humor kommt aus der beinharten Konfrontation mit dem Tod und mit der Fähigkeit, ihn zu relativieren, und nicht, was sonst fast alle tun, ihn zu verdrängen. Da liegt ein großes Arbeitsfeld vor uns, denn wir sind Weltmeister im Verdrängen.

Nochmals zurück zu den heiligen Orten: Es gibt Orte, an denen Gott oder Maria erschienen ist. Warum zeigt sich uns Gott?

Gott zeigt sich uns nicht.

Wenn ich glaube, braucht sich mir Gott also nicht zu zeigen.

Zumindest nicht als Wunder.

Ich vermute, daß Gotteserscheinungen ganz, ganz selten sind. Was anderes sind Marienerscheinungen wie zum Beispiel in Lourdes, von denen ich wiederum vermute, daß das sehr persönliche Erlebnisse sind.

Also etwas, das die Masse, auch wenn sie dabei ist, selbst nicht sieht?

Ja, und wenn es die Masse sieht, ist es dann eher Einbildung oder Suggestion. Das, was sich in Lourdes und Fatima abgespielt hat, sind sehr persönliche Kontaktaufnahmen. Maria zeigte sich in verschiedenen Formen. Trotzdem kann man sagen, daß die letzten Erscheinungen von der Kleidung her – weiß und blau dominierten – stereotype Formen der Mutter Gottes aufweisen; die Farbe Weiß symbolisiert Unschuld oder Freude und die Farbe Blau steht für das Weibliche. Es ist interessant, daß bei diesen Erscheinungen das Kind nicht mehr vorhanden ist. Die Mutter Gottes kommt alleine, und sie bringt Botschaften.

Ich sehe aber, daß Menschen an solchen Orten Wunder erfahren. Es wäre unsinnig, das zu leugnen. Es gibt Wunder, die Menschen auf psychologische Art oder auf religiöse Art, durch Gebete, heilen.

Jetzt könnte ich allerdings böse sein auf den lieben Gott, weil er zwar einigen Menschen Wunder angedeihen läßt, vielen anderen aber nicht.

Ich glaube, daß Gott allen Menschen Wunder angedeihen läßt. Das wahre Wunder aber ist die Erscheinung Gottes – Gott erscheint ja nicht in dem Sinn, daß er dadurch definierbar oder erkennbar wäre. Die für mich beeindruckendste Deutung der Erscheinung Gottes ist beim Propheten Elia zu lesen, wo es heißt: »Gott war weder im Erdbeben, noch war er im Donner, noch war er im Gewitter.« Darauf folgte ein ganz beredtes Schweigen und in diesem Schweigen ist Elia vor die Höhle getreten und hat gespürt, daß Gott da ist, aber er hätte ihn nicht beschreiben können.

Das einzige Wunder, das ich als Wunder anerkenne, ist Jesus von Nazareth. Er ist das, was der Vater uns schickt. Im Johannes Evangelium wirkt Jesus die Wunder, um den Ungläubigen zu helfen. Es war für mich immer interessant zu beobachten, daß scheinbar gläubige Menschen sehr gerne an Erscheinungsorte fahren, obwohl Wunder doch eher den Ungläubigen zum Heile dienen. Diejenigen, die mit Omnibussen hinfahren oder mit dem Flugzeug hinfliegen, sind Menschen, die sich freuen, daß sich dort die Mutter Gottes gezeigt hat. Ich bin der Überzeugung, daß die Mutter Gottes überall gleich viel wert ist. Jeder, der sich mit ihr befaßt und der zu ihr ein inniges Verhältnis hat, kann sie für sich manifestieren. Nicht umsonst heißt es in den Psalmen: »Den Seinen gibt es der Herr im Schlaf.« Das heißt, daß in einem sehr gläubigen Leben Erscheinungen möglich sind. Aber der wahrhaft Gläubige wird das nicht auf die Bühne des Wunders heben, sondern auf eine Ebene der Dankbarkeit.

Es gibt eine wunderbare Interpretation zu einem sehr biblischen Ereignis: Vom Propheten Elia wird berichtet, daß er sich in einer großen Auseinandersetzung mit den Baals-Priestern befand. Er und die Priester beteten um ein Wunder, denn es hatte schon lange nicht mehr in Israel geregnet. Die Priester mußten mit ihren Gebeten anfangen.

Es gelang ihnen aber nicht, die Götter um Regen zu beschwören, und Elia spottete über sie: »Sind Eure Götter schlafen gegangen oder sind sie gerade auf Urlaub?« Aber wie es auch bei Wetten ist, kommt natürlich genauso für ihn die Stunde der Wahrheit. Er trat vor Gott und sagte zu ihm: »Jetzt darfst Du mich nicht hängen lassen, denn alle lachen mich aus, wenn Du mir nicht hilfst.« Und es heißt, auf einmal sei Feuer über die Opfergaben gekommen, und dann kam von Westen her eine kleine Wolke, die immer größer wurde – und es regnete. Aber das Schöne war, daß die Leute nicht geschrien haben: »Ein Wunder, ein Wunder!«, sondern daß sie auf die Knie gefallen sind und gerufen haben: »Gott ist groß!« Das ist es: Was wir in unserem Leben als persönliche Ansprache Gottes erfahren, sollte uns nicht zu einem »Wunder!«-Ruf verlocken und zur Bitte um Wiederholung dieses Wunders, sondern zur Dankbarkeit, daß Gott sich in unserem Leben zeigt.

Viele Leute fahren zu Wallfahrtsorten, weil dort Menschen sind, die Gott nahe sein wollen wie sie. Sie suchen diese Atmosphäre.

Das ist schon längst meine These: Diese Orte leben nicht vom Wunder, sondern von der Intensität des Gebets derer, die dort sind. Und je mehr echte Beter dort sind, umso mehr wird der Himmel bestürmt, und umso mehr ziehen die Gebete Gott herab. Da ist eine ähnliche Intensität wie zum Beispiel in Fußballstadien. Ich möchte das aber nicht auf der selben Basis vergleichen, nur als Bild zur Veranschaulichung: Man ist anders ergriffen, wenn man im Ernst Happel-Stadion zusammen mit 100 000 Leute ist, als wenn man in Hintertupfing bei einem Fußballmatch ist, wo zehn Leute sind. Die Spieler und Zuschauer sind nicht so motiviert.

Die Ansammlung und die Intensität des Gebetes machen den Ort heilig, während es andere Orte gibt, die von sich aus heilig sind. In Lourdes macht das Wasser die Heiligkeit aus. Ein großes Wunder ist ja auch die Taufe. Wenn wir sie als Christen besser verstehen würden, würden wir begreifen, daß wir alle schon einmal gestorben sind. Bei der Taufe sind wir nämlich mit Christus hinunter in das Reich des Todes gegangen und kamen als Erlöste mit ihm wieder herauf. Darum werden Wasserstellen immer ein Zeichen des Lebens bleiben, und dort werden sich Menschen versammeln.

Ich bin zutiefst davon überzeugt, daß die Mutter Gottes, die wir zum Beispiel in der Pfarre Mariahilf in Bregenz haben, von der gleichen bedeutenden Intensität ist wie die Mutter Gottes an einem Wallfahrtsort, nur kommen dort nicht so viele hin. Aber die Frau, die hinter dem Symbol steckt, ist überall dieselbe. Sie ist die Mutter Gottes, die bei ihrem Sohn im Himmel ist, das heißt von ihm aufgenommen wurde, und offenbar durch die geistige Kraft der Menschen herbeigeholt werden kann, auf eine sehr persönliche Art und Weise.

Die Macht des Gebetes: Es gibt die Theorie, daß der österreichische Staatsvertrag in den Jahren 1945 bis 1955 durch Rosenkranzbeter quasi herbeigebetet worden ist. Was halten Sie davon?

Es gibt beim Staatsvertrag zwei Thesen: Die eine besagt, der Figl und der Raab haben damals den Staatsvertrag ertrunken, und die andere meint, man habe ihn erbetet. Es ist empirisch sehr schwer zu beweisen, daß es das Gebet war. Schon handfester sind die Trinkfestigkeiten unserer Politiker gewesen. Der damalige russische Außenminister hatte einen guten Zugang zu unserem Obstler und Wein. Aber ich glaube der Aussage Jesu, daß ein Gebet, wenn es besonders inbrünstig gebetet wird und wenn es vernünftig ist, erhört wird. So können die vielen Menschen, die inbrünstig gebetet haben, nicht bei Gott, aber bei den Politikern jene geistige Wandlung herbeigebetet haben, die ihnen erlaubt hat, einen solchen Vertrag zu unterschreiben. Es ist sicher, daß diejenigen, die geboren sind zu beten, viel bewirken können. Überhaupt wenn das, was sie beten, mit dem übereinstimmt, was sie tun und glauben.

Es gibt von der heiligen Teresa von Avila, von der wir schon ein paarmal geredet haben, einen Bericht: In ihrem Konvent haben manche Schwestern gerne gebetet: »Herr, Dein Wille geschehe.« Sie hat sie dann einmal um sich versammelt und zu ihnen gesagt: »Wißt Ihr überhaupt, was Ihr da betet? Wer hat das gebetet? Der Herr selbst, am Ölberg! Geht jetzt in Eure Zellen und überlegt Euch, ob Ihr bereit wärt, dasselbe Opfer zu bringen, das der Herr Euch gebracht hat. – Wenn ja, ist es ein gutes Gebet, wenn nein, sucht Euch ein anderes, denn in unserem Konvent sollen Beten und Tun möglichst eins sein.« – Das ist ein kluger Hinweis, daß dann ein Gebet gut und vernünftig ist, wenn es im Rahmen der menschlichen Erfüllbarkeit liegt.

Das heißt, man sollte Gott in den Gebeten nicht um die Erfüllung von persönlichen Wünschen bitten?

Es ist vor allem dort gefährlich, wo das Gebet zu sehr fürbittend wird. Das höchste Gebet ist das Lob Gottes. Die Fürbitten sind angebracht, aber gerade bei ihnen sollte man sich sehr fragen, wie erhörungswürdig sie im Grunde genommen sind. Ich habe immer wieder beobachtet, daß bei unvernünftigen Gebeten der Glaube in größter Gefahr ist zusammenzubrechen. Weil der Gläubige dann sagt, jetzt habe ich alles investiert, ich habe gebeten und nichts hat sich geändert.

Ich erkannte diese Gefahr, als ich in Fatima war. Das war in der Zeit des Krieges in Angola, als viele junge Portugiesen gefallen sind. Ich habe beobachtet, wie Mütter die letzten Kilometer auf den Knien gekrochen sind; die Knie haben geblutet, und sie haben um ihre Söhne und auch um ihr krankes Vieh gebetet. Ich habe mich gefragt, was mit dem Glauben geschieht, wenn sie heimkommen und die Nachricht da ist, daß der Sohn gefallen oder die Kuh verendet ist. Was mache ich dann? Der wahre Glaube richtet sich erst auf, wenn gewisse Dinge nicht erfüllt werden.

Dann kann ich sagen: »Lieber Gott, warum tust Du mir das an? Habe ich um Dinge gebeten, die nicht in Deinem Plan stehen?« Wie es bei Jeremias steht: »Meine Pläne sind nicht Eure Pläne, meine Gedanken nicht Eure Gedanken.«

Aber viele verlieren ja genau aus dem Grund, jedenfalls für eine Zeit lang, ihren Glauben, wenn solche Gebete nicht erhört werden.

Die haben jenen kindlichen Glauben, von dem ich sage, er ist ein kindischer Glaube. Zu meinen, man könne das Verhalten aus der Kindheit beibehalten, als man noch zur Mutter gesagt hat: »Das will ich« und man weinte, bis man es bekam. In der Jugend erhält man alles – später eben nicht mehr.

Was wäre das auch für ein Gott, der uns überzeugen oder gläubig machen müßte dadurch, daß er all unsere Gebete erhört?

Er wäre dann ein Gott des Geschäftes. Ich gebe ihm zwanzig Schilling, und dafür gibt er mir etwas; je nachdem wie reich man ist, bettelt man Gott an. Eine berühmte Geschichte paßt dazu: Zwei Angehörige des Volkes Gottes liegen vor der Westmauer in Jerusalem und beten inbrünstig. Der eine ist arm und betet um fünf Piaster, damit er Milch für seine Familie kaufen kann, und der andere betet um zwei Millionen, weil er bei einer Transaktion eine Million verloren hat. Der Arme betet immer inbrünstiger, bis es dem Reichen zu dumm wird und er ihm zwanzig Piaster gibt und sagt: »Geh, lenk mir nicht wegen Deiner Lappalie meinen Jahwe ab!«

Genau dieser Gott ist am meisten zu vermeiden! Unser Gott überschaut einen größeren Zusammenhang, als wir mit unseren kleinen Erkenntnissen erfassen können.

Von Beichtvätern und von Humanisten

Wir haben über die Taufe gesprochen. Ich wollte nach einem weiteren Sakrament fragen, das immer mehr abgelehnt wird, nämlich das Sakrament der Beichte. Wenig Christen gehen noch zur Beichte. Aber warum? Ist da eine Barriere, daß man einem Menschen, den man nicht kennt, dem Priester eben, sehr intime Sachen erzählen muß, und daß man nicht einsieht, warum?

Die Beichte ist nicht einfach, obwohl ich mich immer wundere, mit welcher Selbstverständlichkeit Menschen bereit sind, einem Psychiater noch viel mehr zu erzählen. Ich vermute, daß die Beichte deshalb ein bißchen in Verruf gekommen ist, weil sich heute der Mensch befreit fühlen möchte, wenn er einem anderen seine Schwächen bekanntgibt. Das geschieht nur zum Teil in der Psychologie. Meiner Ansicht nach kann das auch in einem befreienden Gespräch geschehen.

Ich bin der tiefsten Überzeugung, daß es nach wie vor gut und notwendig ist, daß man sich, wenn man eine schwere Sünde begeht, mit jemandem austauscht. Ich glaube nicht, daß man das allein mit dem Herrgott ausmachen kann. Zu deutlich sind die Ansätze, die lauten: »Ihr müßt einander verzeihen.« Darum war die Buße auch immer eine Sache der Gemeinschaft, darum entwickelten sich Bußfeiern, weil ein Miteinanderbekennen der eigenen und der Sünden des Volkes fähig ist, Sünden zu tilgen.

Nun haben viele Leute den Eindruck, daß das, was sie beichten, eine Kleinigkeit ist, und wenn sie sie schnell hinsagen, ganz anonym, spüren sie gar keinen Effekt. Ich sehe aber, daß doch einige Menschen zu einer befreienden Form finden. Und zwar im Gespräch mit einem Priester, zu dem sie Vertrauen haben. Auch in einem Gespräch mit einem Menschen, zu dem sie Vertrauen haben, denn nicht nur das befreiende Gespräch mit einem Priester hilft; aber das deutliche Angebot der Verzeihung durch Gott ist eben an das Priestertum gebunden. Das Sakrament ist in der Verwaltung derer, die dazu berufen werden. Nicht umsonst wird ein Priester ja zu absolutem Schweigen verpflichtet.

Deshalb kann es sicher nicht so sein, daß Schulklassen, wie es früher war, wahllos zur Beichte geführt werden, ohne daß sie wissen, was sie tun. Ich will gar nicht davon reden, daß man sich genau überlegen müßte, wann man damit beginnt, in einem Kind das Sündenbewußtsein zu wecken. Ich bin zuwenig Pädagoge, aber meine Erfahrung als Priester zeigt, daß man, wenn man damit zu früh beginnt, viel Unheil anrichten kann. Schuldkomplexe schwerster Art, sogar Neurosen entstehen aus einem falsch verstandenen Sündenbegriff, der aus der Kindheit stammt.

Für mich ist eines der deutlichsten Gebote Jesus': »Wenn Du etwas gegen einen Freund hast oder einer gegen Dich, so gehe zuerst hin und versöhne Dich mit ihm, dann komm' zum Gottesdienst.« Das heißt, daß Befreiung und Lossprechung zuerst in der Versöhnung geschehen soll, und dann erst kann die Kirche die Versöhnung anbieten. Einem Unversöhnlichen wird man keine Lossprechung geben können.

Die Beichte bedarf einer Renovierung, aber sie ist alles andere als überflüssig. Derjenige, der weiß, welche Befreiung aus ihr entsteht, wird dem zustimmen. Der Priester tut nichts, er ist nur Vermittler. Er hat die Aufgabe, dem Menschen, wenn er bußfertig ist, die Verzeihung anzubieten, weil Jesus sagt: »Wem Ihr die Sünden nachlaßt, denen sind sie nachgelassen. Und wem Ihr sie behaltet, dem sind sie behalten.«

Ich glaube, daß schon allein das Honorar, das man beim Psychiater zahlen muß, eines Tages dazu führen wird, daß man wieder in einem ehrlichen Gespräch mit einem Priester alles klärt und vor Gott hinlegt. Nur von ihm kann man Verzeihung erwarten, von sonst niemandem.

Also: Beichte als befreiendes Gespräch.

Ja, als befreiendes Gespräch mit dem Angebot der Verzeihung.

Mein Großvater hat mir eine Geschichte erzählt: Er setzte sich vor kurzem in Mariazell in einen Beichtstuhl und wollte ein Beichtgespräch, wie er es gewohnt war, führen. Nur: Der Priester nörgelte sogleich: »Ich bin nicht dazu da, Ihren Religionsunterricht nachzuholen«, weil der alte Herr irgendeine Form nicht eingehalten hatte. Worauf mein Großvater den Beichtstuhl verlassen hat.

Ich fürchte, daß das eine milde Form ist, daß man nur den Beichtstuhl verläßt. À la longue führen solche Dinge dazu, daß man die Kirche verläßt.

Man muß als Priester wissen, daß man sich in einem ganz gefährlichen Gebiet befindet. Ich verstehe, daß sich junge ehrliche Priester oft schwer tun, weil sie sich dieser ganzen Problematik bewußt sind. Die Leute sollen beichten gehen, aber zu einem »Profi«, wie man ihn noch in den Klöstern findet. In der Pfarrei, in der ich bin, in

Bregenz oder auch in Wien, gibt es immer noch Orte, die dieses Sakrament bestens verwalten. Kapuziner, Franziskaner, Zisterzienser, ich möchte keinen Orden beleidigen, es gibt in jedem Orden jenen Mann, den man früher Beichtvater genannt hat, dem man einfach abnimmt, daß er eine Mischung von Barmherzigkeit und Gnade und auch ein Richtungsweiser ist. Das Sakrament soll letztendlich eine Hilfe sein, das Leben glücklicher zu gestalten.

Ein Begriff scheint mir noch wichtig zu sein, der – so hoffe ich – ein Zukunftsbegriff ist, nämlich der »Christliche Humanismus«.

Der christliche Humanismus ist jene Form, die zur Zeit meinen philosophischen und soziologischen Hintergründen am besten entspricht. Die Menschwerdung Jesu ist das Zentrum in einem christlichen Humanismus. In der Erkenntnis, aber auch in der Handlungsfolge des Menschen ist Jesus das Beispiel. In diesen Themen geht es um den Frieden, die Gerechtigkeit und darum, was einen Menschen wirklich zum Mensch werden läßt, nicht zum Egoisten, sondern im Sinne von Aristoteles zum Zoon Politikon, also zum Gemeinschaftswesen - um nicht zu sagen »Herdentier«. Deshalb ist das Wichtigste, daß er sich in dieser Gemeinschaft zurechtfindet.

Im christlichen Humanismus ist das Miteinander viel wichtiger als das Gegeneinander. Menschen, die sich in der Selbstentwicklung und Selbstentfaltung gegen andere abgrenzen, also einem christlichen Faschismus huldigen, leben nicht so, wie es Jesus intendiert hat. Der christliche Humanismus ist nicht in Gefahr, den Menschen zu absolutieren. Wir wissen, daß es Regimes gibt, die sich auf den Humanismus berufen oder sogar auf den Sozialismus. Die unglücklichste Hochzeit, die es aber gibt, ist eine Mischung zwischen Sozialismus und Nationalismus. Wir haben gesehen, was man unter dem Namen des Humanismus anrichten kann und angerichtet hat. Es scheint mir nicht schlecht, wenn Christliches hinzukommt, aber es muß ehrliche Haltung dahinterstehen. Daß wir außerhalb unserer Einbildungskraft und außerhalb unseres Größenwahnsinns ein Regulativ wie die zehn Gebote oder die Gebote Jesu' suchen, ist verständlich. Das Gebot der Liebe, wo Jesus gesagt hat, die Liebe und die Gerechtigkeit sind es, die ein Volk regieren, oder wenn er zu Pilatus sagt: »Mein Reich ist nicht von dieser Welt«, so meint er, daß es in diesem Reich keine Rangordnung gibt. So wie früher auf christlichen Friedhöfen gestanden hat: »Hier ist arm und reich, hoch und nieder gleich.« Ein Reich, in dem Toleranz herrscht.

Das ist meine große Hoffnung, daß sich auf dieser Basis der christliche Humanismus durchsetzen wird, nicht als »christlich«, sondern als diejenige Form, die am besten ein friedliches, gemeinsames Leben garantiert. Weil der Mensch im Mittelpunkt steht, aber als Korrektur weiß, »über mir ist noch etwas, das größer ist als ich und meine Prinzipien«.

Die eine Komponente ist der Mensch, der sich an Gott orientiert. Die andere Komponente verlangt eine Religion, die sich am Menschen orientiert und die keine unmenschlichen Regelungen erfindet.

Ja, es muß eine Religion sein, die dem Menschen entspricht. Da gilt meine große These über die Menschwerdung. Warum ist Jesus von Nazareth Mensch geworden? Oder warum bezeichnen wir ihn als Menschensohn? Wenn hier nicht dieses Menschsein ein großer, wenn nicht der größte Wert ist.

Der Aspekt ist im christlichen Humanismus vorhanden, der Mensch weiß: »Ich habe das nicht aus mir selbst und ich bin nicht das Maß aller Dinge, sondern über mir gibt es ein Regulativ.« Wenn ich gegen diese Natürlichkeit, also gegen das Humane sündige, zerstöre ich die Gemeinschaft. Dort sehe ich die wahre Sünde und das Lieblose in der Welt. Es geht nicht so sehr darum, ob ich gewisse Gebote einhalten kann, sondern ich muß mich fragen, wenn ich sündige, ob mein Verhalten auch gegen die Gemeinschaft gerichtet ist. Genau betrachtet ist das Gottes-Gebot, das erste Gebot, ein Schutzgebot für die Menschen. Weil ich damit aufrecht erhalte, daß Gott der Schöpfer ist und daß wir nicht zufällige Staubteilchen nach einem Urknall im Kosmos sind. Gott als Schöpfer wollte, daß ich da bin und in dieser Auserwählung des Hierseins bin ich verantwortlich für die Menschen, die mit mir leben, für die, die in Zukunft leben werden, und für die Welt, die mir zum Aufenthalt anvertraut ist.

Das heißt, ich muß dafür sorgen, daß diese Welt jener Ort wird, in dem sich der Mensch wohlfühlen kann, ein bißchen was vom Himmel entdeckt, damit seine Sehnsucht nach dem, was danach kommt und die letzte Heimat ist, nicht erlischt. Im Mittelpunkt des Denken Gottes stehen der Mensch und die Menschwerdung. Die folgende Frage im Johannesbrief hat in dem Zusammenhang eine große Bedeutung: »Wie könnt Ihr sagen, Ihr liebt Gott, den Ihr nicht seht, wenn Ihr die Menschen, die Ihr seht, nicht liebt?« Die Liebe ist die Basis für einen christlichen Humanismus und für einen Glauben, der sich im Leben zeigt und bewährt.

Ich lebe in einer Gemeinschaft von Menschen, und in meinem Versuch, sie zu meinen Schwestern und Brüdern zu machen, muß ich mich bemühen. Ich muß dabei nicht nach dem Himmel schielen, denn der Himmel wird die Konsequenz von meinen Bemühungen sein. Je absichtsloser man die Dinge für die Menschen tut, umso sicherer scheint die Belohnung. Der Mensch, der das Gute tun kann, soll sich hier auf Erden nicht ängstlich sorgen, ob er später eine Belohnung dafür erhält! Das, was am Ende steht, müssen wir der Liebe und Barmherzigkeit Gottes überlassen.

Vom genießenden und vom leidenden Menschen

Wie stehen Sie zum Genießen der irdischen Dinge?

Ich glaube, daß Genuß eines der schönsten Dinge ist. Gott hat uns nicht geschaffen, um uns das Leben zu vergällen. Wir sollen die Dinge, bei denen wir niemandem schaden, genießen. Die Dinge sind kurzfristig, aber sie sind zum Genießen da. Und die Menschen, die genießen können, sind die glücklicheren Menschen. Der Hang zum Fanatismus wird immer bei den Zeitgenossen sein, die meinen, auf falsche Art und Weise verzichten zu müssen. Der Verzicht ist ein integraler Teil unseres Lebens. Wenn wir ihn nicht selber üben, wird uns eines Tages das Schicksal den Hammer des Verzichts ganz gewaltig auf den Kopf klopfen. Das ist außer Diskussion. Das, was heute viele Menschen unter Genießen verstehen, ist in Wahrheit ja gar kein Genuß. Es ist meiner Ansicht nach eine unheimlich erbärmliche Verlängerung von Gier, die zu nichts führt – außer zum körperlichen oder seelischen Verfall. Gerade die Menschen, die alles konsumieren wollen, werden jene, die viel Erbarmens bedürfen.

Ich weiß, daß die Kirche den Verzicht in Hinblick auf einen echten Genuß nicht immer richtig bewertet hat. Es gab in unserer Kirche immer die Asketen und die gewollten Asketen. Die wahren Asketen muß man fördern, denn das ist eine Begabung. Es wird ein solcher Asket niemals meinen, andere müssen so sein wie er. Zum wahren Verzicht gehört der Verzicht auf die absolute Wahrheit dessen, was man selber ist oder was man selber tut. Dasselbe gilt für die Genießer: Auch der Genießer muß auf die Wahrheit verzichten, zu meinen, alle müßten so sein oder könnten so genießen wie er. In meinen Augen müssen beide Typen vor dem Herrgott knien und ihm danken, daß sie Asketen oder Genießer sein dürfen, denn beides ist bedankenswert.

Ich verstehe unter einer wahren Genußlosigkeit eine Einfachheit und nicht, daß man sich kasteit und alles mögliche antut, sondern daß man sich ein bißchen übt in der Einschränkung. Es klingt jetzt vielleicht frivol, aber ich mag sehr gerne Weihnachtskekse und ich verzichte wirklich im Advent auf diese Süßigkeiten, aber in dem Bewußtsein, sie werden mir dann zu Weihnachten besser schmecken. Manchmal ist das nicht nur im materiellen, sondern auch im geistigen Bereich so.

Wenn ein Mensch nicht nur himmlische Situationen in seinem Leben will, kann er sie, wenn er ein bißchen verzichtet, später noch mehr genießen.

So wichtig es ist, daß wir manchmal den Himmel auf die Erde holen, so bewußt muß man sich sein, daß dieser Himmel kurzfristig ist. Man soll dankbar sein und muß in der Zeit, in der man genießen darf, wirklich genießen. Wobei ich glaube, daß der wahre Genuß eben nur dann befriedigt, wenn er maßvoll ist. Wenn ich mich bei einer Fete halbtot saufe, habe ich nichts davon, nicht einmal die Erinnerung, weil die ist dann auch noch weg. Der wahre Genuß wird es sein, wenn ich noch ein bißchen gesellig mit den anderen zusammenbleiben kann.

Das Christentum wird ja manchmal damit verbunden, daß einem die schönen Dinge verboten werden. Manchmal heißt es, die Christen schauen so wenig erlöst aus, weil sie so wenig lachen. Wie wichtig sind die Freude und der Genuß der Dinge?

Freude und Genuß hängen zusammen. Denn Genuß bedeutet ja, ich kann mich an einem Ding, an einer Sache, an einem Phänomen ergötzen, geistig oder materiell ernähren.

Nun sagen wir, daß das, was Jesus von Nazareth gebracht hat, eine frohe Botschaft ist. Und daher haben wir die Aufgabe, diese Fröhlichkeit in unserem Leben zuzulassen. Wenn auch das Pesachmahl eher ein Erinnerungsmahl war, so drückt sich immer wieder Freude in den Liedern aus, die im jüdischen Pesachmahl vorkommen. Es gibt viele Texte der Freude »Halleluja«, ja sogar des Triumphes, wenn man zum Beispiel an das Lied der Miriam denkt. Gar nicht zu reden von unserer Freude im Osterjubel, weil unser Leben nicht mit dem Tod endet, sondern es eine Zukunft gibt, die dauert.

Diese Seite des Lebens wurde in unserer Kirche, die ich liebe, nicht immer so gelebt, wie sie gelebt werden könnte. Ich bin der Überzeugung, daß es uns sehr gut tut, die letzte Bestimmung zu wissen, vor allem zu wissen, daß wir eingeladen sind zu einem Hochzeitsmahl. Schon beim Propheten Jesaja ist das Fest, das zum Schluß des Tages gefeiert wird, das Zusammenkommen aller Völker, aller gläubigen Menschen auf dem Berg in Jerusalem. Dort findet ein Gelage mit erlesenen Weinen und kostbaren Speisen statt. Auch im Lukas Evangelium steht, daß das Himmelreich gleich einem Mahl ist, zu dem alle eingeladen sind. Die Vollendung besteht in einem gemeinsamen Mahl.

Für mich besteht die ganze Welt aus Kommunikation, und zwar aus Kommunikation im Essen. Mit einem Wort, das was wir Kommunion nennen. Nun weiß ich, daß es in unserer Zeit viele

Menschen gibt, die Bedenken gegen diese Art und Form der Kommunikation haben oder sogar meinen, daß wir Christen eine »Menschenfresserorganisation« seien, weil Jesus gesagt hat: »Wer mich ißt, wird leben.« Oder weil im Christentum nie ein strenges Verbot gegolten hat, man müsse sich allen Fleisches enthalten. Ich kenne einen guten Ratschlag des libanesischen Philosophen Khalil Gibran, der über das Essen sagt, er sei sicher, daß einfach alles gegessen wird, daß Tiere ja auch gegessen werden, und daß die ganze Welt aus dieser Art von Kommunikation besteht. Immer ißt jemand jemanden! Keiner bittet aber seinen Apfel oder sein Fleisch um Entschuldigung und sagt: »Ich esse Dich jetzt, aber weißt Du, eines Tages werde auch ich gegessen. Eines Tages ißt mich die Erde. Und ich werde wieder ein Bestandteil der Erde.« So besteht das Wesen des Ganzen im gegenseitigen Ineinanderaufgehen.

In diesem Zusammenhang fällt mir eine lustige Redewendung ein, die schon unsere Großeltern geprägt haben, wenn sie jemanden ganz besonders gern hatten: »Ich hab' Dich zum Fressen gern.« Dahinter steckt die Sehnsucht von uns Menschen, uns das, was wir wirklich lieben, einzuverleiben. Erst wenn es in uns Fleisch angenommen hat, gehört es uns. Ich finde das gar nicht so dumm, weil vielleicht der ganze Kosmos so organisiert ist.

Es kommen die Sterne, es kommen die Milchstraßen und sie vergehen. Es geht eines in das andere über. Was als schwarzes Loch beschrieben wird, bedeutet nur, daß irgendein System in einem anderen aufgeht. Was aber nicht heißt, daß es zu einem Verlust kommt. Hier kann man vom Gesetz der Erhaltung der Materie sprechen.

Ich wünschte, es gäbe auch ein Gesetz der Erhaltung des Geistes – das definiert, daß der Himmel eine sehr persönliche Sache bleibt, daß ich im Himmel erkenne, wer ich bin. Ich zähle nicht zu den Menschen, die meinen, es sei notwendig, daß man vollkommen ausgelöscht in irgendeinem Seinsbrei untergeht.

Also es gibt die personale, die persönliche Auferstehung?

Ich hätte das unheimlich gern, und ich glaube auch daran, aber ich weiß nicht, wie weit mein Glaube oder meine Hoffnungen mit der Realität übereinstimmen. Mein Glaube stützt sich eben auf die Bibelstellen, die prophezeien, daß es ein Mahl geben wird.

Ihre Vorstellungen entsprechen ja auch dem, was uns die Kirche sagt und lehrt.

Ja, die Kirche spricht vom Himmel und vom Fegefeuer und zum Teil auch von der Hölle, aber ich kann sehr schwer glauben, daß die Hölle wie der Himmel ein gleichwertiges ewiges Prinzip ist. Der Teufel ist wie sein Reich geschaffen und deshalb mit der Endlichkeit behaftet. Das große letzte Mahl wird der endgültige Sieg über die Vergänglichkeit sein.

Ich habe einmal eine Sendung über den Himmel vorbereitet, und da ist mir ein Büchlein untergekommen, in dem Interviews und Gespräche mit Menschen standen, wie diese sich den Himmel vorstellen. Ich habe bei einem Südtiroler Weinbauern eine These gefunden, die mir sehr gefallen und mir sehr entsprochen hat. Er sagte, es wird mit dem Himmel so sein, daß man vor einer hohen Mauer steht und hinter der Mauer hört man Musik, einschmeichelnde wunderschöne Musik. Diese verführt einen, auf die Mauer zu klettern, und von dieser aus sieht man, wie Menschen um einen Tisch sitzen, guten Wein trinken und gutes Brot essen, während Musik dazu spielt, und man freut sich so sehr, daß man unbedingt dabei sein will. Man stößt einen Jauchzer aus, springt hinunter und ist mitten im Fest. – Ich glaube, daß hinter dieser Hoffnung viel Wahrheit steckt. Es bedeutet nämlich, daß alles, was Jesus mit uns hier auf Erden getan hat, später vorbildlich seine Erfüllung findet; daß alle, die sich mochten, auf Erden vergehen, sich später zum Mahl versammeln, welches ewig andauert. Ich glaube nicht, daß sich alles in einem schönen und ewig ruhigen Nirwana auflöst. Ich möchte hier nichts gegen den Buddhismus sagen, aber ich würde mich darüber freuen, wenn ich im Himmel wüßte, wer ich war und wer ich dann noch bin. Ich kann mir nicht vorstellen, daß ich dort Gott sein werde, obwohl sicherlich das, was in mir göttlich war, in einer Einheit sein wird.

Sie sind ja selbst gerne mit anderen Menschen zusammen, trinken guten Rotwein aus Spanien und essen gemeinsam mit Freunden.

Ja, das ist richtig und besonders gerne trinke ich die spanische Marke »Paternina«. Und so, wie ich Jesus von Nazareth verstehe und unsere christliche Seite des Judentums, existiert die Welt der Kommunikation – wie bereits erwähnt – im Essen, im gemeinsamen Essen.

Für mich war es nun immer hochinteressant, daß das Mustermahl unseres Glaubens, das Pesachmahl, schnell gegessen werden mußte, obwohl heute ja nicht mehr viel von dieser Schnelligkeit vorhanden ist.

Aber ursprünglich hatte das schnelle Essen des Pesachmahles einen Sinn.

Damals, beim Auszug des Volks Gottes aus Ägypten, hat es geheißen, sie sollten schnell ausziehen, deshalb gab es ungesäuertes Brot; sonst mußte man immer Sauerteig unters Mehl mengen und eine Nacht lang stehen lassen. Jetzt mußten sie aber schnell fort, so hat man nur schnell Mehl und Wasser genommen, das auf die heißen Steine getan und schnell dieses ungesäuerte Brot gegessen; dieses heißt bis zum heutigen Tag »Mazzes«. Bei uns im Christentum sind die Hostien ja auch ungesäuertes Brot.

Pesach heißt Vorübergang: Sie sollten das Blut von einem Lamm auf die Türpfosten streichen, damit der Würgengel wußte, wo ein Kind Gottes und wo ein Ägypter war. Das weckt natürlich Fragen, die heute kaum mehr zu stellen sind, auch nicht mehr zu beantworten. Ich vermute, daß damals die religiöse Entwicklung des Schrifttums noch einen strengen Gottesbegriff erlaubt hat. Sie wußten es nicht anders, und es war für das Volk zu diesem Zeitpunkt sehr wichtig, selbstbewußt zu werden – man darf ja nicht vergessen, daß sie ein Sklavenvolk waren.

Warum ist Gott im Alten Testament ein rächender, zürnender, auch beschützender Gott für eine bestimmte Gruppe und im Neuen Testament liebt er alle Menschen?

Das ist die Entwicklung, die durch Jesus von Nazareth gekommen ist, also durch diese Gruppe von jungen Galiläern. Man glaubt, daß Johannes der Täufer schon solche Einschübe in seinen Erklärungen hatte, weil er entdeckte, daß das Gericht in uns Menschen selbst tagt. Das heißt, wir sind einander Hölle, wenn wir einander hassen. Wir brauchen kein Fegefeuer, wir sind selbst bis dorthin gelangt. Zu der Stelle im Matthäus Evangelium – für mich eine der unheimlichsten Stellen und der am wenigsten gedeuteten –, wo Jesus sagt: »Ihr werdet sehen, es geht ja nicht lange, dann werden Eltern ihre Kinder und Kinder ihre Eltern verraten!« Was ja in der jüngsten Geschichte Europas und Österreichs passiert ist – und manche Menschen meinten dabei sogar, sie würden Gott einen Gefallen tun. Und später im elften Kapitel, in dem Jesus sagt: »Ihr werdet sehen, des Menschen größte Feinde sind seine Hausgenossen.« Diese Gefährdung – Bestrafung oder Liebe – hat immer bestanden, weil wir Menschen miteinander nicht auskommen! Es gibt für mich Stellen im Neuen Testament, wo Jesus alle diese Dinge sogar diffamiert, ad absurdum führt. »Die jungen galiläischen Burschen, die man umgebracht hat, glaubt Ihr, das wären die größten Sünder gewesen, größere Sünder als all die anderen Menschen in Galiläa?« fragt er zum Beispiel. Es ist also nicht so, daß Gott kommt und wahllos Menschen bestraft.

Es gibt genauso Beispiele in der heutigen Zeit: In Assisi stehen zwei Kapuziner harmlos mit dem Architekten zusammen in ihrer kaputten Kirche, und auf einmal fällt ihnen die Decke auf den Kopf. Oder das Erdbeben bei einem Jugendgottesdienst in Peru: Plötzlich sind zweihundert junge Leute in der Kirche tot. Ich kann doch jetzt nicht annehmen, daß Gott, unser liebender Gott, nichts anderes zu tun hat, als auf die Landkarte von Peru zu schauen und sich zu denken: »Jetzt lasse ich dort die Kirche zusammenfallen.« Diese Dinge passieren, weil Menschen Kirchen bauen, mit einem Dach, das runterfallen kann.

Es heißt ja, Gott hat den Menschen nach seinem Bild gemacht, also ist ein Stück Göttliches in jedem von uns?

Ja, freilich, ich stimme mit allen großen Propheten und natürlich mit Jesus überein, der sagt: »Wir sind Kinder des einen Vaters. Und wer mich kennt, kennt den Vater.« Nun ist aber Jesus hier auf Erden als Ikone des Vaters erschienen. Das heißt, dieser Begriff hat ebenbildliche Züge. Denn wenn Jesus als Gott gekommen wäre, hätten wir ihn sicher nicht erkannt.

Wir sind von ihm geschaffen, das ist das Um

und Auf. Es ist das, was die Genesis sagen will: »Wir kommen nicht aus dem Nichts, sondern Gott bringt uns hervor.« Ich verweise auf das Alte Testament, wo steht: »Am Anfang schuf Gott Himmel und Erde.« Das Wort »schuf« ist »bara«, das heißt so etwas wie »schöpfen«. So wie Eltern ein Kind freigeben zur Eigenständigkeit, oder wie ein Töpfer seine Vase im Grunde genommen schöpft und hergibt, damit sie wohlgefällig selber existieren kann, so scheint es auch in der Schöpfung gewesen zu sein. Es entläßt uns Gott – ein liebender Gott.

Warum macht er es uns aber so schwer, daß wir nach ihm suchen müssen, das ganze Leben lang?

Das ist die Probe, die uns zeigt, daß wir vergänglich und sündig sind. Es wäre jetzt natürlich eine lange Diskussion über die Erbsünde notwendig. Aber offenbar ergibt sich in jedem menschlichen Leben etwas, das uns die Sinne vernebelt für das wirkliche Geschehen. Und ab diesem Ereignis sind wir Suchende. Ich frage mich heute schon, ob nicht überhaupt unser Wesen letztlich ein suchendes ist. Es gibt viele Definitionen des Menschen. Heute fällt es mir leichter anzunehmen, daß wir ein Wesen auf dem Weg sind, ein suchendes Wesen, in unserer Sehnsucht die Quelle suchend, den Ort, von dem wir ausgegangen sind.

Es gibt einen Spruch des heiligen Augustinus: »Unruhig ist mein Herz, bis es ruht in Dir.« Er ist oft fehlinterpretiert worden. Aber ich glaube, daß Gott, so wie es im Römerbrief heißt, ganz in uns ist und zwar durch seinen Geist. Nun ist aber Geistiges in uns sehr schwer zu erkennen. Man muß sehr ruhig sein und sehr in sich selber hineinhorchen können, damit man diese sehnsüchtige Stimme in sich selber hört. Paulus sagt: »Es seufzt in uns.« Das heißt also, der Geist in uns, das Göttliche in uns ist ebenfalls am Seufzen, weil es nicht ganz mit unserem Hirn zusammenkommen kann, denn unser Hirn ist eingesperrt und beschränkt, aus dem kommen wir nicht hinaus. Da ist ein knöcherner Dom über uns gespannt, aus dem wir nicht auszubrechen vermögen. Darum seufzt eben dieses geistige Prinzip, weil es nicht ganz so hinauskommt, wie es gerne möchte. Der Geist in sich selber erkennt sich ja, aber nachdem dieser Geist in sehr irdenen Gefäßen ruht, ist er wieder eingebremst.

Es scheint mir, daß die Suchenden eigentlich die wertvollsten Menschen sind. Wenn auch diese Suche oft mit Verzweiflung oder mit Aufstand verbunden ist. Ich denke da an Albert Camus, den französischen Existentialisten, der einmal gesagt hat, sein Bemühen sei es, ein Heiliger zu werden ohne Gott. Weil ihm ein Gott präsentiert wurde, nach dem er sich nicht mehr sehnen wollte. Ein Gott, von dem Wolfgang Borchert sagte, er habe ihm zuviel Tinte im Blut. Oder ein Gott der Definitionen, wo man meint, man bekomme ihn mit Definitionen in den Griff. Aber ich denke, daß sich kein Mensch dem Begriff der Liebe widersetzen kann, wenn er ihm begegnet. Er kann ihn dann ablehnen, aber diese Ablehnung wird mit einer wahnsinnigen Verzweiflung verbunden sein. So verstehe ich auch den Tod. In dem Moment, in dem der Mensch in den Tod eintritt, wo alle diese Beschränkungen des Hirns von ihm abfallen, kann er die Dinge erkennen, wie sie sind. Darum braucht es kein ewiges Gericht in dem Sinn, daß da auf einmal ein Richter erscheint und unser Leben auf die Waagschale wirft. Und je nachdem, ob man Glück hat oder nicht, geht die Schale hoch oder sie fällt hinunter. Es wird wohl eher so sein, daß wir blitzartig die Herrlichkeit erkennen und das, wofür wir eigentlich bestimmt waren. Wir werden einsehen, daß wir dessen nicht würdig sind. Ich hoffe, daß das funktioniert, was ich für mich glaube, und uns gesagt wird: »Er ist größer als Dein Herz und größer als Deine Anklage.« Aber bis dorthin wissen wir nicht, wie wir uns selbst entscheiden werden. Ich denke, man muß sehr, sehr böse sein und unendlich verzweifelt, daß man dann die Liebe, die einem begegnet, nicht akzeptiert. Darum kann ich nicht glauben, daß es sehr viele Menschen in der Hölle gibt.

Und daß es die Hölle auf ewig gibt. Gibt es das Böse?

Ich möchte mich da nicht zu sehr in theologische Disputationen einlassen, weil dieses Gespräch meine Antworten für ein mögliches Miteinanderdenken geben und sicher nicht ein Ersatz für einen bestehenden, meiner Ansicht nach guten Katechismus sein soll.

Das Böse war immer ein Problem und wird eines bleiben. Ich bin da ein Anhänger meines Namenspatrons, des heiligen Augustinus, der gemeint hat, das Böse sei ein Mangel an Gutem. Ich glaube sogar an einen wagemutigen Ausgleich. Es sollten auf dieser Welt das Böse und das Gute einander die Waage halten. Ich kann das Böse nicht sehr getrennt von unserem menschlichen Verhalten sehen. Es gibt das Böse nicht im Kosmos, aber es gibt alle Erscheinungsformen der Lieblosigkeit, die sich in uns Menschen zeigen. Wenn wir die Schöpfung betrachten, so scheint es, als ob wir die einzigen Wesen sind, die lieben und hassen. Zuviel Haß und Neid verdeckt das Gute, verdeckt das Göttliche in uns, schüttet die Zisterne zu, in der das Gute sitzt, der Heilige Geist, ganz unten im Winkel. Wenn wir gegen die Menschen sind, wenn wir in unserer Dummheit sein wollen wie Gott oder sogar meinen, Gott zu sein, dann fällt viel Dreck hinunter in die Zisterne. Man muß oft lange, lange kratzen, bis wieder ein kleines Lichtlein hervorkommt.

Es gibt in unserem Leben immer wieder Entscheidungen, bei denen wir uns für das Gute entscheiden können oder für das weniger Gute, manchmal sogar für das Schlechte.

Wenn wir uns für das Negative entscheiden, wird die Waagschale des Bösen wieder schwerer. Darum gibt es das Martyrium, das Leid. Und es leben immer wieder Menschen, die Sühne tun im wahrsten Sinn des Wortes, die fähig sind, Dinge auf sich zu nehmen, die im normalen Leben als negativ betrachtet werden. Ein Beispiel ist, daß jemand sehr jung Krebs bekommt, aber nicht verzweifelt, sondern sagt: »Es wird so sein müssen, ich nehme es an.« Mit dieser Annahme erreicht er Höhen, die man sonst nicht erreichen kann. Aber in meinen Augen sind das die ausgleichenden , die wagemutigen Dinge. Wobei die Betonung nicht auf »wagen« liegt, sondern auf »auswägen«. Aber es wird vom Menschen abhängen, wie er sich entscheidet. Ich bin kein Anhänger des Gedankens, die menschliche Seele sei ein Schauplatz, wo das unpersönlich Gute und das unpersönlich Böse im

Krieg sind. Ich reklamiere vehement die Entscheidung für den Menschen.

Ich kann mich also nie auf das Böse ausreden?

Nein, ich bin böse, und es ist in mir böse. Obwohl es sicher Erscheinungen gibt, bei denen sich in mir Böses personifiziert, aber ich bin immer ich. Teufelsaustreibungen und Dämonen hat es immer gegeben, aber nur deshalb, weil der Mensch fähig ist, solche Dinge in sich aufzunehmen.

Die Erfahrung lehrt im gesamten chassidischen, jüdischen Bereich, daß derjenige, den ein Dämon verläßt, stirbt. Das heißt, er ist zutiefst mit dem Dämon verbunden. Oder es kommt ein Mensch, der wieder alles auf sich nimmt und dann geht dieser zugrunde. Das heißt also, Manifestationen des Bösen sind materiell und unmenschlich. In Tieren wie dem Löwen oder dem Kolibri manifestiert sich dieses Böse nicht, gleichwohl wir es lieben, Filme wie Hitchcocks »Die Vögel« zu drehen.

Apropos Film: Im Film »Dornenvögel« geht es um Lust und Genuß. Heute probieren wir den Genuß gerne aus, wir wollen immer wieder neue Erlebniswelten testen und kommen daher auf Drogen und Alkohol. Vielleicht, um der Realität zu entfliehen, vielleicht aber um eine neue Erlebniswelt zu entdecken?

Drogen und Alkohol sind kein wirklicher Genuß. Das ist entweder eine Flucht oder eine bewußte Hingabe an das Unbewußte. In Drogen vereinigen sich meiner Ansicht nach Neugier und Sehnsucht. Ich teile die These, jede Sucht ist eine Sehnsucht. Wobei in dem Fall der Satz von der Umkehr nach Heidegger nicht ganz stimmt, nach dem jede Sehnsucht auch Sucht sein müßte. Der Mensch sucht etwas, vor allem jungen Menschen wird die Suche zu lang, und sie möchten sie abkürzen. Für mich war dieses Phänomen in den 60er und 70er Jahren evident. Da gab es bei uns herausragende Jugendliche, die auch in ihrer Suche nach Gott sehr weit gekommen sind. Ihnen hat aber die Tugend der Geduld gefehlt, und sie haben erfahren, daß es im Hinduismus und im Buddhismus möglich ist, durch Meditation schneller und näher ans Ziel zu gelangen. Ich glaube aber, daß das europäische und das westliche Hirn nicht unbedingt für diese Art Meditation geboren ist. Die Jugendlichen entdeckten dann, daß sie doch nicht so schnell zur Einsicht und in einen Glückszustand kamen, und nahmen daraufhin die dort vorhandenen Hilfsmittel wie Opium, Heroin, Kokain. Sie waren überzeugt, dadurch werde das Bewußtsein erweitert und die Nähe zum Ganzen schneller möglich. Daß aber diese Hilfsmittel außerdem süchtig machen, hat zum Scheitern vieler positiver Existenzen geführt, bis zum heutigen Tag.

Ich glaube, daß es Phänomene und Hilfsmittel für den Geist gibt, mit denen man ihn unterstützen kann. Ich war einige Male in orthodoxen beziehungsweise koptischen Klöstern auf der Halbinsel Sinai, und dort wird in den wunderschönen Liturgien viel Weihrauch verwendet, positiver echter Weihrauch. Wenn man ihn einatmet, ist man den Dingen näher. Man meint, man könne dann Gott erahnen. Das sind aber keine Süchte, denn sie gehen vorbei und werden nur bei den Hochfesten verwendet, aber es zeigt, daß es doch Mittel gibt, mit denen der Mensch in seinem Hirn und in seinen Gefühlen mehr Weite und mehr Offenheit spüren kann. Auch durch das Fasten kommt man zu helleren Erkenntnissen; nur ist das ein mühsamer Weg, und der Mensch hat immer weniger mühsame Wege gesucht.

Was kann man jemandem raten, der den Weg der Drogen sucht. Welche anderen Wege gibt es für ihn?

Ich bin sehr verzweifelt darüber, daß es heute schwer geworden ist, dem Menschen beizubringen, daß es auch anders geht. Die Erfahrung lehrt sogar, daß man in seiner Toleranz so weit kommen kann, daß man akzeptiert, daß sich auf dieser Suche ein Mensch zerstört. Weil ich erkannt habe, wie unendlich schwierig es ist, sich in die menschliche Seele hineinzudenken, wenn jemand, wie man heute so sagt, auf dem Trip ist. Ich bin bar – ich gestehe es ehrlich – jeglichen Rates und meine nur, daß es eine gute Sache ist, wenn es Menschen gelingt, das Gegenteil zu leben und durch ihr Leben zu zeigen, daß der andere Weg möglich ist.

Wenn wir leiden, hadern wir mit Gott und fragen, warum läßt er das zu. Wie geht man mit Leid um?

Ich glaube, diese Frage ist so alt wie unser Glaube. Sobald in unsere Begrifflichkeit ein liebender Gott gekommen ist, erhebt sich automatisch die Frage nach dem Leid. Wieso erfahren wir Menschen Leid, wieso muß es so sein? Es gibt natürlich die theologische Erklärung für all diese Dinge durch die Erbsünde. Wir fügen ja dieses Leid einander zu. Nur meine große Frage und mein ganzes Denken kreisen um dieses Problem: »Warum haben wir solche Sensoren, dieses Leid so zu spüren?« Natürlich kann man theologisch sagen, durch die Sündigkeit werden wir leidenserfüllt.

Die nächste Frage ist: Warum empfinden dann andere Leid noch mehr, und wieso kommt es zu dieser Häufung von Leiden bei scheinbar unschuldigen Menschen? Leiden wäre im menschlichen Zusammenhang sogar noch akzeptabel, wenn es selbst verschuldet ist. Nun ist aber soviel Leid in der Welt, sinnlos empfundenes Leid. Wenn man in einer Welt lebt, in der Gott eine Rolle spielt, vielleicht sogar die Hauptrolle, bleibt uns angesichts des Leides gar nichts anderes übrig, als es mit Rücksicht auf Gott zu sehen. Also schickt Gott uns dieses Leid, oder er läßt es zu, wie die eleganteste Ausrede lautet.

Meine bescheidene Erkenntnis in diesem Punkt geht so weit, daß ich mir sage, daß Leid immanent in uns, in uns persönlich ist. Unser Hirn und unsere Gefühlswelt sind so konstruiert, daß sie Leid empfinden und zwar in Verbindung mit Gerechtigkeit und Ungerechtigkeit. Genau die Frage ist eben nicht beantwortbar: »Warum gibt der Schöpfer uns ein Hirn, das Leid in Verbindung mit Gerechtigkeit bringt? Warum gibt es das Leid der Unschuldigen.« Ich lande da wieder beim Propheten Jeremias, der sagte: »Gottes Gedanken sind nicht unsere Gedanken und seine Pläne sind nicht unsere Pläne.«

Letztlich geht es in diesem Kontext darum, daß ich mich in der Beziehung als Revolutionär sehe und mich anhänge an das Leid Jesu, der in unserem Glauben der wahrhaft Unschuldige ist, der unter diese gewaltigen Mühlen des Leids kommt. Bis hin zur Verzweiflung, wo er schreit: »Mein

Gott, mein Gott, mein Vater, warum hast Du mich verlassen?« Ich glaube, innigeres Verzweifeln gibt es nicht mehr. Und alles Leid kann sich an dem aufhängen. Es gibt kaum eine andere Religion, die sich existentiell derart rebellisch gegen den Tod verhält. Wenn man dies betrachtet, kommt man zu der Erklärung und Erkenntnis, daß nur eine solche Haltung hilft.

Um noch einmal auf Albert Camus zurückzukommen: In seinem Buch »Die Pest« gibt es eine Auseinandersetzung zwischen einem Arzt und einem Jesuiten. Was beide zusammenführt, das heißt also die Kirche und den Humanisten, das ist die Solidarität mit dem Leidenden. Und diese Solidarität kommt von Christus, kommt von Jesus von Nazareth – von niemand anderem.

Das heißt also, die geeignetste Revolution gegen die Probleme des Leids ist, so zu handeln wie er – wenn man kann.

Das Christlichste, das es gibt, ist das Teilen. Wie beim heiligen Martin, der seinen Mantel geteilt und nicht den ganzen hergeschenkt hat, ist das Prinzip des Christentums das Teilen. Daß derjenige, der zuwenig hat, von dem bekommt, der zuviel hat, damit wieder ein Ausgleich da ist. Beim Leid ist es dasselbe. Mitleid heißt, sich solidarisch erklären und schauen, wie ich dieses Leid so weit als möglich entfernen kann. Jesus von Nazareth hat mit seinem einsamen Tod den Haß und das Leid aus dieser Welt hinausgeliebt. Aber wir sehen, wie hartnäckig das Rückzugsgefecht des Bösen ist, des leibhaftig Bösen, das sich im Leid des Menschen manifestiert. Daher wird es immer wieder Menschen geben müssen, die in solidarischen Formen mit Jesus bereit sind, das Leid hinauszulieben.

Aber wenn ich selber leide, wie kann ich es mir leichter machen?

Es wäre natürlich ganz wertvoll, wenn ich dazu käme zu sagen: »Mein Leid ist ein solidarisches Leid.« Es gibt eine französische Schriftstellerin, eine Jüdin, die nach England geflohen ist und sich dort dem Hungertod anheim gegeben hat, aus Protest, weil Juden in den KZ verhungern mußten. Natürlich ist eine solche Solidarität nicht möglich, aber auch nicht sinnvoll für jeden. Aber es zeigt die Richtung der Solidarität an. Das heißt, wenn ich mein eigenes Leid als einen Teil des Leides der ganzen Menschheit verstehe, wird es eines Tages von mir nicht mehr so schwer empfunden. Viele Beispiele lehren, daß aus dieser Art Verzweiflung im Leid Hoffnungsfunken entstehen. Sogar, wenn sie einen umbringen, würde nur im Tod das kommen, was wir die Erfahrung des Lichtes nennen. Ein ganz wichtiger Satz in der

Heiligen Schrift lautet: Gott ist nicht nur die Einladung zu einem gemeinsamen Mahl, er ist auch das Licht. Und zwar ein Licht, das nicht blendet, sondern ein Licht, das einem hilft, den Weg wieder zu finden, selbst in dunkelsten Situationen.

Deshalb habe ich keine Angst, es wird immer wieder Menschen geben, die in Solidarität mit dem Leid leben. Und am Ende der Pläne wird sich offenbaren, wozu das gut war. Vorher werden wir das Leid nicht durchschauen. Aber wir können es in der Solidarität ein bißchen mildern.

Im Zusammenhang mit dem Leid steht die Frage nach dem Sterben, ein Tabuthema in unserer Welt. Man widmet sich diesem Thema nicht.

Es ist unheimlich, was der Mensch alles tut, um gewisse Gedanken zu verdrängen. Es gab Perioden, in denen man die Sexualität verdrängte, aber ich glaube, keine Periode war so radikal und so unehrlich wie unsere beim Verdrängen des Todes. Trotzdem er die einzige Realität ist. – Wir haben feine Mechanismen der Verdrängung.

Immer wieder kommen neue Lebensphilosophien, man nennt das dann Wellness, gesund, jung, dynamisch, bio, vital, biovital. Wenn aber die Großmutter stirbt, dann nur schnell, schnell ins Krematorium und schnell, schnell in ein möglichst schönes Grab, in eine winzige Urne und schnell, schnell ein Denkmal her, das wieder ans Leben erinnert und das verleugnet, was geschehen ist. In der heutigen Zeit funktioniert im Grunde genommen nur ein einziger Mechanismus, nämlich der, den Tod zu verdrängen. Nur vermute ich, je mehr wir verdrängen, um so mehr haut uns der Tod wieder eine rein.

Und überall entstehen neue Fakten: Denn diese vitalen unheimlich mächtigen Menschen arbeiten ja dem Tod in die Hände. Man geht über Leichen und zettelt wegen Banalitäten Kriege an, weil die den Ölpreis nicht mehr halten können oder den Weizenpreis oder irgendwelche Versicherungsaktien. Ich habe vor kurzem ein Erlebnis gehabt – es klingt banal –, aber ich habe dabei gefroren: Unser Friedhof in Mariahilf in Bregenz hat wunderschöne Bäume; eines Tages waren plötzlich alle Äste abgeschnitten. Ich fragte den Friedhofswärter, ob die alle kaputt sind und warum. »Nein, wir mußten sie abschneiden«, sagte er, »denn die Leute haben sich beschwert, weil die Blätter auf die Gräber fallen.« Es gibt wohl keine perfidere Form, den Tod und die Vergänglichkeit zu leugnen, als von einem Baum zu verlangen, er dürfe keine Blätter mehr fallen lassen. Aber das ist ein deutliches Zeichen dafür, wie wir zur Zeit in Mitteleuropa mit dem Tod umgehen.

Warum läßt Gott soviel Leid zu? Warum schaut er zu bei Elend und Not?

Ein Beispiel: die vielen Verkehrsunfälle von jungen Menschen. Der liebe Gott geht doch nicht her und steigt aufs Gaspedal. Solange wir Menschen solche Geschosse erzeugen, werden wir darin umkommen, ohne daß er es will. Mich friert es immer, wenn ich eine Todesanzeige lese, in der steht: »Es war Gottes Wille, unseren Sohn aus unserer Mitte herauszureißen.« Es war nicht Gottes Wille, es waren die Fähigkeiten der japanischen oder italienischen Motorradfabrik, die einen Gashebel fabrizierte, der über unsere menschlichen Dimensionen eingesetzt wurde.

An dieser Stelle fangen dann auch die wahren Kriterien des Glaubens an. Ob ich zu einem Gott komme, der trotz allem als einer erkennbar ist, der uns mag, oder ob er einer ist, der uns wirklich bestraft.

Es gibt immer die Frage angesichts von Katastrophen: Wie kann Gott so etwas zulassen? Gibt es dazu eine Antwort?

Es gibt keine Antwort, und wenn man eine gibt, ist sie nicht korrekt. Denn diese Frage ist auf das Nachher gerichtet und damit letztlich nicht zu beantworten – weil ich nicht Gott bin. Ich bin da ein Anhänger des Propheten Jeremias, dem Gott einmal sagte: »Meine Gedanken sind nicht Eure Gedanken und meine Pläne sind nicht Eure Pläne.« Natürlich stellt sich die Frage: Warum will er das? Warum will er, daß meine Gedanken nicht seine Gedanken sind? Wir haben in der Geschichte immer den freien Willen reklamiert. Er hat uns den freien Willen gegeben. Nur ist der freie Wille sehr eingeschränkt, wenn ich in Peru zur Welt komme, in diesem Dorf, wo die Kirche zusammenfällt, oder wenn ich in Sizilien auf die Welt komme, am Abhang des Ätna – weil sich meine Urgroßeltern gedacht haben, da ist es wunderschön, da wächst alles so schön –, und auf einmal wirft ein Lavastrom uns Dächer auf den Kopf, und die Menschen sind tot.

Diese Dinge sind unerklärbar, und ich finde das Fragen danach auch dumm. Ich sage es ganz ehrlich. Ich glaube, es gibt wirklich Fragen, die dumm sind. So wie es Fragen von Kindern gibt, die einfach um des Fragens willen gestellt werden. Einer meiner Professoren, den ich sehr gern mochte, hat ein Buch zur Metaphysik der Frage geschrieben. Darin steht der Satz: »Fragen kann man fraglos.« Das heißt: Du kannst fragen. Und es ist interessant in unserem menschlichen Leben, daß, wenn uns etwas Negatives widerfährt, unsere Fragen sofort da sind. Wenn es uns gut geht, fragt keiner, warum es ihm gut geht, oder was könnte er unternehmen, daß das Gute bestehen bleibt oder wie könnte es besser werden. Im Gegenteil. Aber wenn einmal etwas Negatives kommt, dann ist die Frage sofort da, die Frage nach Gott und warum er das alles zuläßt.

Das ist immer noch ein Bereich, an dem der Glaube sehr leicht zerschellen kann. Es ist vielleicht noch eine Art Kinderglaube: Aber wenn meine Großmutter im Sterben liegt und ich bete dafür, daß sie nicht sterben soll und schließlich stirbt sie doch, dann sind viele böse auf Gott.

Da sollte dem betreffenden Menschen die Mutter sagen, zu beten, daß die Oma nicht stirbt, ist dumm. Einmal muß die Oma so oder so eines Tages sterben, und zweitens verhinderst Du, mit diesem Gebet, daß sie dorthin kommt, wohin sie will. Weil dort, wo sie nun ist, wollen wir alle hin. Aber das Kind ist nicht so, das Kind wäre nicht so, dieses Kind betet so, weil es ihm die Erwachsenen sagen.

Ich hatte einmal ein lustiges Erlebnis: Ich bin mit einer Familie in Bregenz sehr verbunden, weil ich dort die Urgroßmutter oft besucht habe, eine Frau mit einem unerschütterlichen Glauben, wirklich unerschütterlich. Ich habe nie mehr einen Menschen getroffen, der von solch einer

Glaubensstruktur geprägt gewesen wäre. Da gibt es jetzt schon Urenkel, und die besuchen immer am Allerheiligennachmittag den Friedhof. Die Großmutter des Buben, der die Hauptrolle dieser Geschichte spielt, hörte das Läuten und sagte: »Macht schnell, wir müssen noch auf den Friedhof hinüber.« Der Bub sagte darauf: »Gell, die Uroma hat's fein, die muß nicht mehr hinüber, die ist schon drüben.« Das ist der Glaube des Kindes. Wenn ich nämlich dem Kind sage, die Oma ist schon dort und die wartet nur auf uns, entspricht das seiner Struktur.

Das andere ist schon rein menschliches Denken, wenn man meint, man könne mit Gebeten gewisse Dinge lenken. Natürlich steht im Evangelium: »Alles, was Ihr erbittet, werdet Ihr erhalten«, aber die Bedingung steht danach, »wenn es so ist, daß es gut ist.« Nun wissen wir aber im Zusammenhang mit der ganzen Welt nicht, was für uns gut ist. Mein Lieblingsdichter Kohelet, ein Prediger im Alten Testament, sagt: »Besser der Ausgang einer Sache als ihr Anfang.« – Und das ist auch eines der großen Geheimnisse unseres Lebens: Wir wissen nicht, wie die Dinge ausgehen, und beurteilen Phänomene, die davor sind.

Es ist ebenso ein Argument in der Pädagogik – wie viele Eltern haben mich gebeten: »Reden S' mit meinem Sohn, reden Sie mit meiner Tochter.«

Ich gebe immer ein und dieselbe Antwort auf diese Bitte: Beim Heranwachsen eines Menschen ist es wie mit dem Geheimnis eines guten Champagners: Würde man in der Mitte der Gärung diesen Saft fragen, was er von sich hält, würde er sagen: »Ich bin vielleicht ein schlechterer Most oder ein guter Essig.« Läßt man ihn aber gären und reifen, muß man später sehr viel dafür bezahlen, weil er sehr viel wert ist. Und so ist es auch in unserem Glaubensleben. Der Glaube ist ein Gärungsprozeß, der erst abgebrochen wird, wenn wir diese Erde verlassen. Darum kann ich zu keiner Zeit sagen, jetzt ist das Endprodukt fertig, oder jetzt bin ich selig oder jetzt kann ich glauben – das entwickelt sich alles erst …

Ich habe vor kurzem mit einer sehr guten Journalistin gesprochen, die zu mir gesagt hat, sie hätte früher mit Gott geredet, sehr direkt. Nur zur Zeit wüßte sie nicht, ob er ihr überhaupt noch zuhöre oder ob sie die richtigen Vokabeln habe, um ihn zu erreichen. Hinter dieser Frage stecken sehr, sehr weise Gedanken. Es gibt Phasen in jedem Menschenleben, mag der betreffende Mensch noch so heilig sein oder unheilig, Momente, in denen man meint, Gott sei nicht vorhanden, in denen man sogar soweit kommen kann, aufklärerisch zu sagen, vielleicht gibt es ihn oder vielleicht gibt es ihn nicht. Weil, wenn es ihn gäbe, könnte er nicht all diese Sachen, die in der Welt geschehen, zulassen. Aber das scheint mir genauso eine schlechte Erklärung zu sein, wie wenn ich sage, in der Welt geschehen auch ohne Gott diese Dinge, warum dann also an Gott glauben? Die Frage nach dem Warum ist doch überhaupt ungeklärt.

Wie kann man den verlorenen Glauben zurückgewinnen?

Man kann den Glauben zurückgewinnen, nicht durch das, was ich jetzt hier sage, oder durch das, was geschrieben steht, sondern es gibt – ich bin zutiefst davon überzeugt – für jeden Menschen das Erlebnis, durch das er wieder seine Spur finden kann.

Für mich ist da Heinrich Böll richtungsweisend. Er schreibt, er hat sich überlegt, ob er aus der Kirche austreten soll, aber er ist dann draufgekommen, es gibt kein System, in dem die Menschlichkeit und die Nächstenliebe so verankert wären wie im Christentum; das besagt: Man soll für die Armen da sein und für die Gefangenen und für die Aussätzigen. Es steht tatsächlich sonst nirgends. Da kommt dieser junge Galiläer daher, den sie mit 33 Jahren umbringen, und stellt alles auf den Kopf.

Aber Heinrich Böll ist kein Einzelfall. Es gibt heute viele Menschen, die solches erfahren, aber nicht immer die Möglichkeit haben, es literarisch zu verwerten – was wiederum uns guttäte, weil man doch aus ehrlichen Zeugnissen anderer für sich selber etwas lernen kann. Ich bin davon überzeugt, daß auch heute die Kanäle nicht verbaut sind.

Es gibt heute noch Bekehrungen?

Die unmöglichsten Situationen sind offen für Bekehrungen. Auf einmal weiß man, jetzt ist mein Leben dort, wo es eigentlich hin wollte – diese Einsicht hat man früher Umkehr genannt.

Ich sehe Bekehrungen eher evolutionstheoretisch: Etwas war immer schon im Menschen, plötzlich erkennt er seine Möglichkeiten und alles, was er bis dahin getan hat, erscheint ihm dann nebensächlich. In der Konfrontation mit dem Glück stellt er fest, alles andere war – wenn er ehrlich ist – nichts. Das sind auch die wahren Aussteiger. Diese Menschen, diese Exponenten, wirken dann oft sehr prophetisch. Es gibt sie selbst in unserer Zeit, und man spürt bei ihnen sofort, daß etwas mit ihnen passiert ist. Ich sehe sie zur Zeit vor allem in der grünen Szene. In der zukunftsorientierten, nicht so sehr in der materiellen Seite der grünen Szene. Es gibt Menschen, die wirklich verliebt sind in eine bessere Zukunft und in eine schönere Welt, in eine menschlichere Welt, und die überlegen, wie das nun zu bewerkstelligen ist, und nicht nur unsinnige Reparaturen, sondern eine grundsätzliche Verhaltensänderung gegenüber dem Objekt Kosmos fordern.

Ich habe sehr viel gelernt aus einem Wort, aus einer Erkenntnis, die der heiligen Teresa von Avila zugesprochen wird, die sogar für unsere Zeit eine unheimlich mobile Frau war, eine Frau, die schwer krank war; sie litt unter ständigem Fieber. Sie hatte viele Feinde, potente Feinde, in der Kirche und im Staat. Und trotzdem ist sie ihren Weg gegangen. Es ist offenbar immer möglich, sich aus diesen Einengungen herauszuwinden. Es wird berichtet, sie sei mit ihrem Karren, mit dem sie viel unterwegs war, in den Straßengraben geflogen, worauf sie sich den Dreck von ihrer Kutte putzte, zum Himmel hinaufschaute und sagte: »Mich nimmt's ja nicht wunder, daß Du so wenig Anhänger hast, wenn Du mit denen, die Dich lieben, so umgehst.«

Das ist einer meiner wirklich großen Wünsche an unsere Zeit: Es möchten viele Menschen erkennen, daß er uns liebt, auch wenn er hart mit uns umgeht. Denn das ist der Glaube, von dem ich überzeugt bin, daß er erträglich und lebbar ist, einer der selbst in den dunkelsten Stunden zeigt, das ist nicht das Ende.

Aber in den dunklen Stunden fallen einem diese Gedanken nie ein ...

Je öfter man im Straßengraben landet, um so öfter wird es einem einfallen, aber am Anfang sicher nicht. Da wird man erstaunt sein, und sich fragen: »Wieso gerade ich?« Diejenigen, die das Priesteramt ausüben, sind gut beraten, wenn sie diese dunklen Stunden und die Zweifel nicht verstecken, sondern sich trauen, von ihnen zu berichten. Das ist das Leben in seinem ganzen Umfang. Ich könnte mir sogar vorstellen, daß heute einer ein ausgezeichneter Priester sein kann, wenn er viele Zweifel und Tunnel des Zweifels durchgehen mußte. Die Anführer des Zweifels sind die ersten Führer zur Sicherheit – zu der relativen Sicherheit, die im Glauben möglich ist.

Wenn ein Mensch einmal eine gewisse Glaubensgewißheit erreicht hat, ist diese nicht weiter zu überbieten. Es gibt dann keine stärkere Gewißheit als die des Glaubens. Dagegen kommt keine noch so hohe menschliche Erfahrung, wissenschaftliche Erkenntnis oder technische Errungenschaft heran. Und darum wird letztlich ein glaubender Mensch jeden Zweifel entwaffnen. Ich habe von einem einfachen schottischen Arbeiter in Glasgow gelesen, der am Sonntag aus der Kirche kommt und einen Aufklärer trifft, einen

Spötter, der zu ihm sagt: »Ja, wie ist denn Dein Gott, wie groß ist er und wie schaut er aus?« Worauf dieser einfache Mann, ein Hafenarbeiter, gesagt haben soll: »Wie er ausschaut, weiß ich nicht, ich weiß nur, daß er so groß ist, daß er offenbar in Ihrem Hirn keinen Platz hat, und daß er so klein ist, daß er in mein Herz paßt.« Ich glaube, daß da viel Wahrheit dahintersteckt, wenn man ihn im Herzen hat, dann kommt jede verstandesmäßige, zynische, sarkastische Größe an diese einfache Erkenntnis nicht heran.

Wenn man ihn im Herzen trägt, verliert man ihn auch nicht?

Einmal interviewte ich eine 92jährige Dame für das Radio, und dabei ging es um die wirklich schweren Dinge. Sie hat von ihrer Mutter berichtet, vom Sterben ihrer Mutter. Es sei der Pfarrer gekommen, und weil sie wirklich große Schmerzen in den Beinen hatte, habe sie ihn gefragt: »Herr Pfarrer, warum tun mir die Füße so weh?« Worauf der Pfarrer eine sehr gute Antwort gegeben hat: »Wissen Sie, die Ewigkeitsstiefel sind so schwer.« Diese Antwort beeindruckte die Tochter so tief, daß sich all ihre Lebenssorgen relativierten. Ich habe später nie mehr einen Menschen getroffen, der einen so lebendigen Kontakt mit Verstorbenen hatte – was verrückt klingen mag.

Aber bei dieser Frau gab es keine unterschiedlichen Welten; sie hat mit ihrer Mutter geredet, mit der Selbstverständlichkeit eines Kindes. Wahrscheinlich muß man so alt werden und so reif, damit man diese Dinge wieder aufbauen kann.

Georges Bernanos, ein französischer Dichter, den ich sehr gerne mag, meinte einmal: »Das Geheimnis des Glücks besteht darin, daß man es in der Freude des anderen findet.« Ich bin heute überzeugt, daß in diesen Worten nicht nur ein Korn Wahrheit liegt, sondern ein riesiger Kornhaufen, ein ganzer Schüttboden. Daß unheimlich viel Sinn in das Leben kommt, im eigenen Glauben, wenn es einem gelingt, Dinge zu tun, die anderen Freude machen. Dagegen verblassen alle Großtaten dieser Welt und alle scheinbar großen Taten. Die Zeiger des Glaubens drehen sich immer zu den anderen und nicht im Kreis!

Vom rechten Singen

Die Kirchenlieder, die wir in der Kirche singen, sind meistens mit Begriffen besetzt, die uns heute nichts mehr sagen, aus einer vergangenen Zeit stammen. Wenn wir Jesus zum Beispiel zu Fronleichnam anrufen – den Menschen des zwanzigsten Jahrhunderts sagen diese Begriffe ja überhaupt nichts mehr, weil sie nicht mehr aus unserer Lebenswelt kommen.

Das gehört zu den Dingen, um die ich mich schon jahrelang bemühe, Kirchentexte in unser Vokabular zu transportieren. Am meisten spießt es sich meiner Ansicht nach in den Marienliedern. Aber auch in den Fronleichnamsliedern, wo es heißt »Schön ist der Herr Jesus, Herrscher aller Herren« und »Süßester Jesus«. Diese Dinge kann man nicht mehr so singen, ohne daß man sie erklärt. Ich habe gerade beim Liedgut den Eindruck, daß wir wertvolle Aussagen nicht gut übernehmen und einfach durch neue Begriffe ersetzen, die zum Teil genauso schwierig zu verstehen sind. Es gibt ein jüngeres Beispiel: »Herr, Deine Liebe ist wie Gras und Ufer, wie Wind und Weite und wie ein Zuhaus.« Wenn man nun die einzelnen Wörter betrachtet, sind sie unverständlich. Vor allem im neuen Liedgut ist die Gefahr noch größer, daß wir in ein Fachchinesisch verfallen. Es entstehen dann wieder nur Worthülsen.

Wenn ich bedenke, daß das Lied »Lobet den Herrn« zu einer Zeit geschrieben wurde, als am Fenster des Verfassers die Pestkarren mit den Toten vorbeifuhren, dann sieht das alles ganz anders aus und dann weiß man, daß sogar aus gegenteiligen Situationen Herrliches herauskommen kann.

Ich bin der Überzeugung, daß es ganz wichtig wäre, in der heutigen Zeit Begriffe zu erklären, wie zum Beispiel »süß«. Weil ich Süßes mag, finde ich, daß Phänomene des Himmels mit Süßigkeiten zu tun haben. Aber es kann nicht Marzipan sein, das ich nicht mehr aus meinen Zähnen herausbringe.

Es gibt ein »süßes« Lied über den heiligen Josef. Ich habe darüber in der mittleren Phase meines Lebens und des Priestertums jedesmal ein bißchen lächeln müssen, es wurde schon längst aus allen Gebetbüchern herausgenommen. Heute fällt mir dieses Lied immer öfter ein. Darin heißt es: »Geht alle zu Josef, zu dem Vater der Armen, er stillt den Hunger und heilt den Schmerz. Und sein Vaterherz glüht vor Lieb' und Erbarmen, seid fröhlich und öffnet Ihm kindlich das Herz.« Es sind dies lauter Dinge, die man an einen Menschen heranträgt, zu dem man Vertrauen haben kann. Und wenn man heute weiß, wie sich Mutter Teresa oder Dom Hélder Câmara oder einzelne Menschen in Südamerika für die Unterprivilegierten einsetzten bzw. einsetzen, dann ist das die Bewegung, die in dem Lied angesprochen wird: »Geht hin zu denen, denn die leisten etwas.« Heute wird das bei uns der Caritas-Direktor sein oder der Chef von »Nachbar in Not«.

Der religiöse Gesang trägt zu unserer Befreiung bei?

Ja, im Himmel wird man singen. Nicht umsonst heißt es, daß die Chöre der Engel singen werden. Ich habe ein Erlebnis gehabt, das einen zum Lächeln bringt, aber zeigt, daß gewisse Dinge nicht ausgestorben sind. In einer der Gedächtnissendungen für meinen Jahrgangskollegen Elvis Presley hat eine amerikanische Frau gesagt, ihr sei dieser Elvis erschienen, auf einem Hügel in Kalifornien, und er habe ihr gesagt, er dirigiere die himmlischen Heerscharen. Und sie hat mit glänzenden Augen erklärt, wer könne es besser als er. Man muß lächeln über diese Aussage. Aber über das, was dahintersteckt, ist viel nachzudenken: die befreiende Art und die Zusammenfassung von Sehnsucht in einem himmlischen Gesang.

Ich habe gelesen, wenn die Engel für sich Musik machen, dann spielen sie Mozart, und wenn sie für den lieben Gott spielen, dann spielen sie Bach. Das glaube ich. Es gibt Musik, die alle Elemente der Gottesverehrung in sich enthält. Ich habe das oft empfunden, aber es gibt ebenso die große Auseinandersetzung in der Lukas-Passion des polnischen Komponisten Penderecki, wo man den christlich-humanistischen Aufschrei der Menschen geradezu hört. Das heißt, wer christliches Gut transportieren möchte, kann das am geeignetsten mit Musik. Wichtig ist, daß das mit Worten geschieht, die jeder versteht. Joseph Haydn hat gesagt: »Wenn mir Gott schon so ein fröhliches Herz gegeben hat, dann wird er mir nicht böse sein, wenn ich ihm fröhlich diene.« Sicher wird das Religiöse, das Mozart am Anfang geschrieben hat, nicht von allen delektiert worden sein, vor allem nicht von den Traditionalisten. Aber heute ist es klassisch.

Weil viele Komponisten eine relativ große Distanz zur Kirche haben, fehlt uns diese Musik heute. Vor allem fehlt die singbare Musik. Trotzdem entwickelt sich eine Art Subkultur, wie wir sie in Musicals oder in den Liedern anderer religiöser Bewegungen sehen. Wobei die frankophilen Lieder gemütvoller sind als die germanischen.

Beim Eucharistischen Weltkongreß in München, ich war damals in der Katholischen Jugend, haben wir Lieder gesungen, deutsche Lieder, neu geschriebene Landsknechtslieder. Bei diesem Kongreß war der Kardinal von Toledo eingeladen, ein kleines, vornehmes Männlein. Der damalige Kardinal von München hat ihn uns gezeigt, als wir zur Theresienwiese marschiert sind, und ihn gefragt: »Eminenz, was sagen Sie zu dieser Jugend?« Der soll lächelnd geantwortet haben: »Ja, ja, hier marschiert das Gebet, bei uns steigt es zum Himmel.« Ich muß sagen, daß das Gebet bei uns zur Zeit nicht unbedingt marschiert, aber daß es sich sehr in den Niederungen des Lebens bewegt. Und daß jenes, das uns hilft, ein bißchen nach oben zu kommen, wieder geschrieben werden muß. Es fehlt eben der Elvis Presley der religiösen Musik.

Oder die Beatles der religiösen Musik?

Auch die fehlen meiner Ansicht nach, und es fehlt uns der Elton John der religiösen Musik.

Ich glaube, man stellt sich den religiösen Liedermacher als besonders heiligen tugendhaften Menschen vor. Die Schubert-Messen vermitteln uns Religiosität und Glauben, aber Schuberts Leben war wohl nicht in jedem Punkt gottgefällig.

Mozarts Leben war es ja auch nicht. Das ist es aber nicht. Das Lied besteht aus Wort und Musik. Wenn einer wirklich so etwas schreibt und komponiert, hat er in seinem Herzen einen Rest von Religiosität. Weil sonst für einen Künstler das Ganze nicht singbar wird. Ich bin in der Beziehung ein Anhänger eines französischen Malers, der einmal gesagt hat: »Es gibt keine religiöse Kunst, es gibt nur eine Kunst derer, die glauben.« Es mag noch so viele ungläubige Maler geben, aber ich habe kaum einen getroffen, der sich nicht eines Tages auch eines religiösen Themas bemächtigt hätte. Nicht nur, weil er weiß, daß er das Bild einer Kirche verkaufen kann, sondern weil es ihm ein glaubensmäßiges Anliegen ist.

Ich habe mich nie gescheut zu sagen, daß in der profanen musikalischen Literatur Lieder enthalten sind, wie sie der Schubert geschrieben hat. Ich glaube, es gäbe für eine Taufe im Grunde genommen kein sinnvolleres Lied als »Let it be« von den Beatles. Auch einige Lieder, die von Simon and Garfunkel gesungen wurden, sind sehr religiöse Lieder. »Like a bridge over troubled water« – es wird derjenige drüben gut ankommen, der versucht, seine schlotternden Knie wieder gerade zu halten. Das ist nichts anderes, als wenn es in der Heiligen Schrift heißt: »Richtet Eure Knie wieder gerade und schaut nach oben, es wird der Herr kommen.«

Die Zukunft des Menschen ist darauf ausgerichtet, nicht zu weinen und sich selbst zu beklagen oder einander zu bekämpfen, sondern nach oben zu schauen und danach auf den Boden zu sehen, damit man nicht stolpert; dann die Dinge des Lebens miteinander zu meistern und in die gleiche Richtung zu gehen. Und dabei können Lieder sehr helfen, ich habe bei den Beatles immer solche Lieder gefunden, auch bei anderen amerikanischen Sängern. Von Bob Dylan ja gar nicht zu reden. Mir ist aufgefallen, daß in einigen ganz großen Liebesliedern der 60er und 70er Jahre der Text austauschbar war. Wenn man statt des Mädchennamens, der besungen wurde, Maria eingesetzt hätte, wäre es ein Mariengebet gewesen. Ein Marienlied von schönster Dimension, so wie in der »West Side Story« das Lied »Maria, Maria, Maria«. Was kann einer in einem Wallfahrtsort mehr tun, als zu singen »Maria, ich denke so gern an Maria«. Und es zeigt sich die ganze Tiefe der Mystik, wenn in Gedichten das Objekt austauschbar ist. Es sind meiner Ansicht nach Liebesgedichte; auf einmal entdecken Menschen, daß nicht mehr der Franz oder die Marianne derjenige oder diejenige ist, der der Liebe wert ist, sondern daß Gott dieses Du wird, an das man sich klammern möchte, wobei man bemerkt, daß man da eigentlich am meisten Liebe zurückbekommt.

Ich singe in Sehnsucht so lange, bis eines Tages Licht hereinbricht. Wenn man bei einer Beerdigung die gläubigen schwarz gekleideten Menschen anschaut, dann sehnt man sich fast danach, mit Rhythmus in den Himmel zu kommen. Nicht mit einer traurigen Melodie oder einer Stimme, die uns den Tod in Erinnerung bringt, sondern mit einer, die die Hoffnung, daß ich in den Himmel marschiere, »When the saints go marching in!« enthält.

Von Paaren, die sich trauen

Sie haben viele Paare getraut. Welche Erfahrungen haben Sie da mit der Unauflöslichkeit des Sakraments der Ehe gemacht?

Ich habe das Glück, in meinem Leben schon viele Brautpaare begleitet und getraut zu haben, und ich hatte bei wenigen ein schlechtes Gefühl. Aber nur bei zweien ist es mir gelungen, sie zu warnen und ihnen zu sagen, es wäre vielleicht besser, sie würden keine Bindung vor der Kirche eingehen, die ja juridisch dann keine Auflösung der Ehe mehr erlaubt. Alle übrigen waren überzeugt von ihrer Partnerschaft, und sie wären böse gewesen, wenn man ihnen Gegenteiliges gesagt hätte.

Und wie haben die zwei Paare reagiert?

Sie haben trotzdem geheiratet und sind später tatsächlich auseinandergegangen. Das eine Paar hat sich getrennt, und jeder ist jetzt mit einem anderen Partner zusammen; das zweite Pärchen ist immer noch am singulären Suchen – was bestätigt, daß der jeweils andere Partner nicht richtig war, und daß man eben oft sehr lange suchen muß, bis man denRichtigen findet.

Ich glaube, daß die Kirche auf Schwierigkeiten hinweisen soll, daß man den jungen Leuten reinen Wein einschenken und ihnen sagen muß, welche Gefahren auf sie zukommen. Auf der anderen Seite hat es keinen Sinn, mit Warnungen zu kommen, wenn zwei wirklich verliebt sind.

Was das Ganze noch schwieriger macht, ist die Frage, wann nun wirklich das Ja gesprochen wird. Ich komme jetzt zwar kirchlich gesehen in des Teufels Küche, wenn ich sage, meine Erfahrung ist die, daß bei manchen Brautpaaren die Liebe auf den Nachmittag gefallen ist, an dem ich Zeit hatte und die zwei ein Datum fixierten. Aber es gibt auch Paare, die haben einander dieses Ja schon vor Jahren gegeben, oder es ist erst Jahre später entstanden – gewachsen. Und darum bin ich vorsichtig mit Fixierungen. Oft frage ich mich, wann ein Ja wirklich das Ja ist und ob nicht heute in manchen Fällen das Wort Jesu am Kreuz gilt: »Vater, verzeih' Ihnen, denn sie wissen nicht, was sie tun.«

Das gilt zum Teil heute genauso für junge Priesteramtskandidaten oder für junge Menschen, die ins Kloster gehen. Aus diesem Grund sollte man ihnen ein leichteres Auseinandergehen ermöglichen. Ich glaube nach wie vor, daß hier genau das gilt, was Jesus über den Zölibat sagt: »Wer es fassen kann, der fasse es.«

Es heißt ja, daß man sich prüfen soll, bevor man sich bindet, also bevor man eine kirchliche Ehe eingeht. Doch die Kirche macht es den Menschen schwer zusammenzuleben, bevor man eine kirchliche Ehe eingeht. Das ist nicht erwünscht, außer man lebt ohne gemeinsames Sexualleben.

Ja, und das ist dann wieder kein Zusammenleben, weil bei diesem Zusammenleben die sexuelle Komponente eine wesentliche Rolle spielt, ja spielen muß. Seit dem Konzil von Trient definiert die Kirche die christliche Ehe über das gemeinsame Kind. Aus diesem heraus ist es fraglich, ob das alles Ehen sind, wenn man im hohen Alter heiratet und so weiter. Der Hauptzweck bleibt die Kinderzeugung. Wenn der Wille zum Kind fehlt, ist das keine christliche Ehe – bei jungen Menschen jedenfalls! Wenn zwei Rentner heiraten, dann ist das etwas anderes. Wobei ich glaube, daß ältere Menschen sich noch körperlich begegnen können und sollen. Es ist aber nicht legal zu sagen, es gibt Ehen erster und zweiter Klasse – einmal mit dem Hauptzweck der Kinderzeugung und einmal nur mit dem Nebenzweck der Liebe.

Wenn jetzt zwei junge Menschen zusammenleben, aber noch nicht heiraten – und sie haben dadurch ein schlechtes Gewissen –, was kann man ihnen sagen?

Von der offiziellen Entscheidung der Kirche her darf und kann man ihnen nicht sagen: »Es ist gut, was Ihr tut.« Weil die Kirche der Meinung ist, daß dieses intensive Zusammenleben Aufgabe der Ehe ist.

Aber was sagt ein erfahrener Seelsorger dazu?

Ein guter Seelsorger wird das tolerieren, er wird sich aber trotzdem freuen, wenn die beiden eines Tages beschließen, eine christliche Ehe einzugehen. Mir selber geht es so: Immer wieder erlebe ich Paare, die schon lange befreundet sind, vielleicht sogar in Sünde zusammengelebt haben. Aber wenn man dann sieht, wie so etwas hält und beinahe das ist, was man sich selbst als Priester unter einer Ehe vorstellt, dann sollten wir die Entscheidung dem Himmel überlassen und nicht dem Kirchenrecht.

Der Seelsorger müßte doch auch zufrieden sein, wenn Paare nach einiger Zeit zu ihm kommen und sagen: »Wir sind draufgekommen, wir passen nicht zusammen und können daher keine christliche Ehe eingehen.«

Für mich ist hier ein großes Dilemma enthalten, eines der schwierigsten Probleme überhaupt, die es in der Kirche gibt: Daß wir dann, wenn es eben nicht funktioniert, nicht bereit sind, ihnen zu helfen, das Richtige zu finden. Die Irrenden können nie mehr kirchlich heiraten, außer sie haben unter falschen juridischen oder sakramentalen Voraussetzungen die Ehe geschlossen. Darum bin ich nicht sehr glücklich, daß einige diese kirchenrechtlichen Zusammenhänge kennen und es manchmal sogar ein bißchen darauf anlegen. Man wirft der Kirche vor, Leuten mit Geld oder Einfluß die Annullierung ihrer Ehe zu erleichtern. Obwohl Annullierungen jedem zugänglich sind: In Rom und anderswo annulliert man genauso Ehen von armen Leuten, nur erfährt man von denen nichts. Es kommen auch einfache Menschen mit ihren Argumenten durch.

Es gibt Ehen, die auseinandergehen, ohne daß die Partner genau wissen, warum. Sie sind einander nicht Feind, aber sie leben aneinander vorbei. Es kann sein, daß der andere der falsche Partner war, denn Projektionen halten oft sehr lange, und wenn dann das Dia verblaßt, findet man dahinter nichts mehr.

Es sollte endlich eine theologische Entscheidung fallen, wann eine Ehe wirklich sakramental geschlossen ist und wann nicht. Es sollte nicht immer nur der Vollzug der Ehe als Markierung gelten. Ich bin heute fast so weit zu sagen, daß die »wahren Ehen« die sind, die halten. Auf der anderen Seite weiß ich, daß Ehen zerstört werden. Ich glaube nach wie vor, daß Ehebruch Sünde ist, zum Teil eine schwere Sünde, ebenso das wahllose Einbrechen in bestehende Verbindungen.

Ich hatte vor kurzem folgendes Erlebnis: Eine junge Dame, eine Sekretärin, kam zu mir und fragte mich, ob sie nicht das Recht habe, ihren Chef, der mindestens zwanzig Jahre älter ist als sie und eine Frau und zwei Kinder hat, zu ehelichen. Ich fragte sie daraufhin: »Es gibt auf der Welt über zwei Milliarden Männer, fast die Hälfte davon ist nicht verheiratet; unter diesen sind sicher 180 000, die genau Ihnen entsprechen würden. Warum projizieren Sie da etwas in einen und meinen, Sie haben ein Recht auf Glück?« – Ich bin der Überzeugung, daß das schon vom sportlichen Standpunkt aus unfair ist. Auf der einen Seite steht hier eine Frau und auf der anderen Seite stehen vier Personen – die Kinder, der andere Partner und der Ehemann, der seine Familie ins Unglück stürzt. Und das kann es nicht sein. Ich glaube, daß solch eine Lebensart zerstörerisch in der gesamten Gesellschaft und nicht nur in der Gemeinschaft der Ehe wirkt.

Ist Christus nicht gekommen, um die zu stärken, die der Stärkung bedürfen, also die Schwachen und Gefallenen oder die Enttäuschten? Dennoch bekommen gerade jene, deren Ehen zerbrochen sind, manchmal vielleicht gar nicht aus eigener Schuld, nicht mehr die Stärkung Christi, die Kommunion.

Ja, da müssen wir viel überdenken. Vor allem die Wichtigkeit und die Richtung der Worte »Kommt alle zu mir, die Ihr mühselig und beladen seid«. Es gibt da das Kriterium, das sakramentale Maß sei die Sehnsucht – die Sehnsucht nach Gott und die Sehnsucht nach den Sakramenten. Erst an zweiter Stelle stehen dann die Auseinandersetzungen mit den juridischen Kriterien, ob man noch kommunizieren darf oder nicht. Ich würde in meinem Herzen eher eine andere Position einnehmen. Daß man sagt, wir setzen uns über das Recht hinweg, kann allerdings nicht der Weisheit letzter Schluß sein.

Ich bin froh, daß ich keine Pfarre leiten muß, denn ich wüßte in meiner Verzweiflung oft nicht, was ich machen soll – überhaupt in einer Pfarrei, in der die Toleranz der Gläubigen nicht allzu hoch ist. Ein Argument gegenüber wiederverheirateten Geschiedenen ist ja der Ärger der Gemeinden, die eine Scheidung nicht akzeptieren.

Ist es jetzt nicht schon so, daß man durchaus dem Seelsorger Fragen nach der Kommunion anvertrauen kann und soll, auch im Beichtgespräch?

Doch, und der kluge Seelsorger wird auch eine Lösung finden. Es wird sich an der pastoralen Klugheit des Priesters entscheiden, von dem sie sich Rat holen. Ob er einer ist, der mehr der Barmherzigkeit Gottes vertraut, oder einer, der sich mehr an das bestehende, verbriefte und gedruckte Recht hält.

Welchen Stellenwert hat die Barmherzigkeit? Und wie sehr ist die Auflösung von Gesetzen eine Gefährdung jener Institution, die auf diesen Gesetzen aufgebaut ist?

Dort, wo die zehn Gebote berührt sind, scheint mir, wie gesagt, ein diskussionsfreier Raum zu sein, während das, was an kirchlichen Geboten hinzugekommen ist, diskutiert werden sollte. Weil sich gewisse Dinge mit der Zeit ändern. Nicht umsonst gibt es in allen Rechtsbüchern Novellen. Gesetze, die nicht gehalten werden können, sind im Grunde genommen keine Gesetze mehr. Früher hat man gesagt, man darf beim Zelebrieren der Messe keinen Hut aufhaben, aber wenn ich dann Missionar bei den Eskimos bin und mir die Ohren abfrieren, wäre das Gesetz wohl sinnlos. Darum gab es in der Kirchengeschichte und im kirchengeschichtlichen Recht den Begriff der Epekie, das heißt, wenn etwas nicht erfüllbar war, konnte man es lassen, denn dann waren die Ausnahmen die bessere Interpretation des Rechtes.

Ich glaube, daß sich die katholische Kirche da eher als positiv erweisen könnte und sich auch als positiv erweist. Es heißt ja öfter: »Da ist einer auf der Kanzel ein Löwe, aber im Beichtstuhl ein Lamm.« So soll es sein. Wenngleich man die Gebote Gottes verteidigt, sobald es wirklich um den Menschen geht, dann ist die Frage der Barmherzigkeit immer gestellt, weil damit der Himmel verbunden ist. Es heißt: »Selig sind die Barmherzigen, denn sie werden eines Tages Barmherzigkeit erlangen.«

Wir haben über die Liebe zwischen zwei Menschen gesprochen. Vielleicht ist es für Sie eine sehr heikle Frage, die Sie nicht beantworten möchten, aber: Kann Ihrer Ansicht nach auch ein Mann einen Mann und eine Frau eine Frau lieben?

Natürlich, das ist keine Frage, weil ja die Zeit beweist, daß es möglich ist. Es scheint im Rahmen der psychologischen menschlichen Entwicklung die Erfahrung eingetreten zu sein, daß ein Mensch einem Gleichgeschlechtlichen mehr zugeneigt sein kann als dem anderen Geschlecht. Ich vermute sogar, von Natur aus, obwohl es in diesem Bereich sehr viel Verführung und Aneignung von Handlungen gibt. Aber das, was wirkliche Zuneigung ist, ist meiner Ansicht nach chromosomenbedingt und angeboren. Ich kann mich deshalb auch nicht an all den Diskussionen beteiligen, die meinen, es handle sich hier um eine Krankheit. Der krankheitsähnliche Zustand scheint mir bei denen gegeben zu sein, die es ausschließlich des Sexus wegen betreiben, weil das im Grunde genommen lieblos ist, wenn ich den anderen nur als Körper benutze oder als Gegenstand. Ich brauche für meinen Sexualtrieb dann bloß eine Erfüllung und der andere – es mag brutal klingen – ist nur ein Gegenstand; das führt eines Tages in den Abgrund. Wir sehen es an Existenzen, die aus diesem Kreis nicht mehr herausfinden, am Ende stehen Drogen und Selbstmord. Nicht nur aus Verzweiflung gegenüber dem Unverständnis der Gesellschaft, sondern weil man erkennt, daß das so kein Leben ist. Da zeigt sich, wie Genuß töten kann, wenn er triebhaft ist und wenn man nur noch »muß«. Es gibt einen Nahrungstrieb, es gibt einen Selbsterhaltungstrieb, es gibt einen Geltungstrieb, es gibt einen Todestrieb und es gibt einen Sexualtrieb, der einfach nur befriedigt werden möchte, auf wessen Kosten ist dann egal.

Was ich aber sicher weiß ist, daß es Zuneigung gibt und immer gegeben hat, und es zu leugnen, wäre Idiotie.

Es gibt Homosexuelle, die glauben, aber die sich in der Kirche nicht beheimatet fühlen.

Das ist eine Tatsache, bei deren Entwicklungen ich nicht mitkomme. Ich glaube, daß diese Menschen ein ganz integerer Bestandteil der Kirche sind, und daher nicht unbedingt eine Abgrenzung gegen andere bräuchten. »Wir sind die Homosexuellen, wir haben eine eigene Kirche, und wir gehen nicht in die Kirche der Normalen?« Die Gesellschaft, die Gesellschaft in der Kirche, muß soweit kommen, daß man solche Menschen nicht diffamiert. Nur beobachte ich, daß Heterosexuelle furchtbar sein können in ihren Urteilen. Es steht ein Sprichwort in der Bibel: »Wer steht, der sehe zu, daß er nicht falle.« Und: »Mit dem Maß, mit dem Ihr richtet, wird man Euch richten.«

Wir haben kein Recht, Homosexuelle zu beurteilen, in keinem Fall sie zu verurteilen. Was anderes ist es, das Geschäft mit dem Körper zu verurteilen, das zur Zeit immer mehr aufkommt. Man sieht ja, wo das endet: manchmal sogar bei Mord. Aber, daß zwei Männer oder zwei Frauen sich verstehen, das muß man akzeptieren, wobei ich allerdings glaube, daß eine ehemäßige Beurteilung durch die Kirche nicht stattfinden kann.

Ist der Begriff »Ehe« dafür nicht geeignet?

Nein, auch wenn sie Kinder adoptieren, ist das alles ad absurdum geführt. Dann könnte man genauso gut sagen: »Dann tun sich zehn Leute zusammen, und es ist nicht einzusehen, warum nur zwei ein Kind adoptieren können und warum nicht eine ganze Gemeinschaft.« Es heißt nun einmal: »Er schuf sie als Mann und Frau«, damit der Mensch erhalten bleibt. Und insofern werden die Ehe und das Sakrament der Ehe auf Mann und Frau beschränkt bleiben müssen. Da sollte man keinen Fingerbreit davon abweichen.

Was aber nicht heißt, daß das, was ein Mensch fühlt und wohin er sich hingezogen fühlt – sei es nun körperlich oder geistig oder beides zusammen –, akzeptiert werden muß als eine Spielart der Natur. Denn ein Homosexueller ist wahrscheinlich selber auch nicht wahnsinnig glücklich, daß er so ist. Aber was soll er tun, wenn er nicht anders kann? Ich glaube, darüber muß noch viel nachgedacht werden, solange bis wir genug Toleranz erreichen.

Es ist ja wenigstens tröstlich, wenn wir hier feststellen können, auch die Kirche denkt weiter darüber nach, und man muß ihr vielleicht nur Zeit lassen. Und es ist nichts Wesentliches am Glauben, das uns aus der Kirche treiben sollte, weil die, die glauben, sind ja aus wichtigeren Gründen in der Kirche.

Es hat meiner Ansicht nach überhaupt nichts mit dem Glauben zu tun. Im Gegenteil: Für den einen liegt eben die Prüfung darin, daß er gerne etwas mitlaufen läßt, und da muß er sein Mitlaufen bekämpfen. Daß er dann seine Homosexualität bekämpft, bringt ihm gar nichts, wenn er es nicht ist. Und derjenige, der so veranlagt ist, muß schauen, daß die Liebe, die er empfindet, nicht auf Kosten anderer ausufert.

Das gilt für den Heterosexuellen genauso.

Ja, er kann auch nicht jeden Tag mit einer anderen ins Bett gehen, ohne dadurch viel zu zerstören. Es ist ja der Casanova nicht glücklicher als der, der wahllos auf gleichgeschlechtlichen Feldern herumturnt. Alle diese Dinge führen sich selbst ad absurdum. Was aber am wenigsten hilft, sind Verurteilungen.

Von der unkitschigen Mutter Gottes

Maria, die Mutter Gottes, wird uns oft als Brücke zu Gott empfohlen. Andererseits wird sie heute in einem kitschig anmutenden Ausmaß verehrt. Wie sehen Sie selbst Maria?

In meiner allernächsten familiären Umgebung kam einmal einer meiner verwandten Buben, der Ministrant war, heim und sagte zu seiner Mutter: »He, Du geistliche Rose und Du vortreffliches Gefäß der Andacht.« Die Mutter hat sich gegen diese Anrede gewehrt und gefragt: »Was hast Du denn, spinnst Du?« »Nein«, erwiderte er, »der Kaplan hat gesagt, das ist die Mutter Gottes gewesen, Dich mag ich gern, warum soll man das zu Dir nicht sagen.« Dort liegt der Haken, denn der Bub wußte wahrscheinlich gar nicht, was eine geistliche Rose oder ein vortreffliches Gefäß der Andacht ist. Wir haben heute die Aufgabe, gerade um uns das Marienbild treu zu bewahren, die Dinge in unsere Zeit zu übersetzen.

Ich war einmal bei einer Predigt in der Jesuitenkirche in Innsbruck; da hat ein Prediger gemeint, man soll nicht mehr »Du, elfenbeinerner Turm« oder »Du, goldenes Haus« sagen; heute müsse man sagen: »Du, Europabrücke der Verständigung.« Ich habe mir daraufhin ein bißchen die Meßbesucher angeschaut und erkannt, daß sie das auch nicht besser verstanden haben.

Ich meine, wir sollten Maria so begegnen und mit ihr so umgehen, wie sie mit ihrem Sohn und ihr Sohn mit ihr, wie es in den Evangelien beschrieben wird. Das ist ein sehr natürlicher Umgang. Sie wirft ihm vor, daß er sie verläßt, ohne sich zu verabschieden. Er erwidert ihr: »Du solltest mich doch soweit kennen, daß Du weißt, daß ich dort sein will, wo es mir gefällt« – in diesem Fall im Tempel. Oder sie sagt zu ihm: »Du, wir haben keinen Wein mehr.« Er wehrt sich zuerst, aber raffiniert wie sie ist, sagt sie zu den anderen: »Füllt die Krüge mit Wasser und tut, was er sagt.« Das heißt also, ihr Kontakt ist nicht nur spontan, sondern sehr natürlich. Um Maria für uns zu retten, um die Mutter zu retten für unsere Zeit, wäre es gut, wenn wir mit ihr natürlicher umgingen. Wir wissen, daß sie diejenige ist, die uns alles gebracht hat, aber wir wissen auch, daß sie alles, was sie ist, nur durch ihr Kind ist. Ich bin nicht so begeistert, wenn man versucht, sie von ihrem Kind abzulösen. Maria steht auf einmal wieder alleine ohne Kind, sehr kitschig und zum Teil fast in Anlehnung an Göttinnen da. Ich kann dabei nicht mittun – das wird mir nie und nimmer gefallen.

Ich selbst durchschaue das Fest des 8. Dezembers nicht ganz, und ich glaube, es geht vielen Katholiken so. Da geht es darum, daß Maria selbst ohne Erbschuld empfangen wurde, und gleichzeitig wird Maria als die mögliche Brücke zu Gott bezeichnet. Also: Wer wie Maria ist, hat optimale Voraussetzungen, sich auf Gott einzulassen. So zu werden wie sie, ist aber gar nicht möglich, weil sie den Vorteil der Geburt ohne Erbschuld hat. Das kommt einem doch ungerecht vor.

Dieser Vorwurf ist berechtigt, aber er muß in dem Bereich bleiben, wo er entstanden ist, nämlich in der Theologie. Dieser Begriff der »Unbefleckten Empfängnis« ist heute sehr schwer verständlich. Aber in der damaligen Philosophie, als sich dieses Dogma entwickelte, war er logisch, und zwar durch den Satz von Ursache und Wirkung: Wir Menschen sind Sünder, also muß, wenn etwas Sündiges entsteht, die Ursache auch sündig sein. Nun kamen die Theologen natürlich in ein unheimliches Dilemma. Es ging ihnen da nicht so sehr um Maria, sondern um Jesus. Wenn Jesus ohne Sünde und göttlich war, dann mußte natürlich der Körper, aus dem er kam, ebenfalls so sein. Wenn nicht, wäre Jesus ja gleich wie dieser Körper gewesen. So ist das zu verstehen. Der Glaube sagt, Gott hat Maria so geschaffen, daß sie seinen Sohn zur Welt bringen konnte. Ihr Leib war nicht fähig, das weiterzuvererben, was sonst den Kindern weitervererbt wird. Mehr ist in dem Dogma nicht drinnen. Was der Einzelne damit anzufangen weiß, ist eine andere Frage.

Ich meine, daß man das einfach annehmen soll und dabei keine allzu große Sünde gegen den Verstand begeht. Wenn Jesus für mich der Sohn Gottes ist, kann man glauben, daß seine Mutter ein bemerkenswertes Geschöpf war. Aber wir sind lange ohne dieses Dogma ausgekommen und die Leute, die etwas anderes geglaubt haben, sind sicher auch im Himmel. Ich vermute, daß der jetzige Papst sich nicht trauen würde, solch ein oder ein ähnliches Dogma zu formulieren.

Genauso ist die ganze Jungfrauenschaft und Jungfrauengeburt problematisch und mit den heutigen Begriffen nicht nachzuvollziehen.

Das Thema war für Theologen wie Drewermann wertvoll genug, um dafür aus der Kirche ausgeschlossen zu werden.

Ja, weil sich beide Seiten versteift haben. Dasselbe Problem war für mich die Transubstantiation, also die Verwandlung des Brotes in den Leib Christi. Es heißt, daß das Brot nach der Wandlung nicht mehr Brot, sondern Jesus ist, allein durch meinen Glauben. Nach den heutigen Begriffen der Chemie ist es blasphemisch, etwas dazu zu sagen. Wenn ich ein Kilo Hostie esse, bin ich satt. Das heißt, die Substanz des Brotes hat sich nicht geändert, sie ist nach wie vor sättigend, vom Wein gar nicht zu reden. Wenn ich einen Liter vom Blut Jesus trinke, bin ich berauscht. Das heißt, die chemische Substanz hat sich nicht geändert, obwohl wir Christen glauben, daß sie sich geändert hat. Aber früher war der Begriff der Chemie im Glauben ein anderer als er es heute ist. Aber mein Glaube erlaubt mir zu sagen, ich habe es hier mit Jesus als Leib und als Blut zu tun; und zwar auf Grund dessen, weil er gesagt hat: »Nehmet und esset, denn das ist mein Leib ...« und »... trinket, denn das ist mein Blut.« Aber das sind Dinge des Glaubens – nur mit unserem Verstand werden wir sie nicht erkennen.

Vom Heiligen Land und vom Heil

Sie sind oft in Israel und ziehen daraus Kraft für den Glauben. Ist das etwas, was Sie vielen Christen empfehlen – einmal in ihrem Christenleben nach Israel zu reisen?

Es ist sehr schwer, über innere Erlebnisse etwas zu sagen. Wittgenstein hatte recht, als er meinte: »Worüber man nichts Genaues sagen kann oder weiß, darüber muß man schweigen.« Es gibt in jedem Leben Phänomene, die unbeschreiblich sind, die sich selbst bei langem Nachdenken einer Beschreibung entziehen.

Das ist sicher der Grund, weshalb ich immer wieder nach Israel komme. Wobei Israel nicht der richtige Ausdruck ist. Für mich ist es immer das Heilige Land geblieben. Israel ist ein künstlicher Staat, obwohl es ja früher Israel gegeben hat, als der Norden des Reiches, in dem sich das Volk der Juden niedergelassen und gewohnt hat. Den südlichen Teil hat man Juda genannt, dort liegt Betlehem, eine Stadt, die mich beeindruckt.

Ich möchte es so sagen: Wenn man die Geschichte dieses Landes und seiner Einwohner mag, dann geht ein Virus über. Darum ist Israel kein Land, sondern eine Krankheit, die man sehr schwer los wird. Ich kann mir nicht vorstellen, daß man die Heilige Schrift verstehen kann, ohne daß man dort gewesen ist. Man kann in der Theologie sehr viel begreifen, aber wenn hinzukommt, was man heute im Heiligen Land spüren und sehen kann, dann kommt man näher an die Wahrheit.

Es ist sicher von der Geographie her ein faszinierendes Land, von den Menschen gar nicht zu reden. Die Israelis, die Juden, die wieder zurückgekommen sind, die christliche Bevölkerung, die dort gewohnt hat, die Christen, die aus dem Westen und aus dem Osten hinzugekommen sind, und die Ureinwohner. Das ergibt ein unheimlich lebendiges Spektrum. Man nimmt ja an, daß in Israel allein 72 Sprachen gesprochen werden. Das ergibt eine Buntheit des Lebens.

Sicher, man findet die heiligen Stätten alle nicht mehr so vor, wie sie bestanden haben. Aber das scheint mir gar nicht das Wichtige zu sein. Das Wichtige ist, daß man im Heiligen Land nach wie vor etwas von dem spüren kann, was sich in der Vergangenheit abgespielt hat. Damals, vor knapp 2000 Jahren, als dieses Kind, von dem wir sagen, es sei der Sohn Gottes, in Betlehem in einer

Scheune, einer Art Hirtenhöhle, zur Welt gekommen ist. Wenn man heute an diesem Platz steht, dann spürt man noch etwas davon. Und zwar vor allem etwas von der Sehnsucht, die damals in den Leuten bestanden hat, nach einem Menschen, der kommt und die Mißstände beseitigt oder wenigstens hilft, sie besser zu verstehen.

Ist diese Sehnsucht nach einem Erlöser nicht auch heute sehr groß?

Es gab damals eine geballte Messias-Erwartung. Und heute entsteht eine ähnliche Sehnsucht. Viele Menschen sehnen sich nach einem Menschen, den sie verehren können, der ihnen die Probleme erleichtert, der einem hilft, das Leben besser zu verstehen, der für eine friedlichere und gerechtere Welt eintritt und dafür sogar bereit ist, in den Tod zu gehen. Das war damals die Sehnsucht, aber ich sehe sie heute wieder in der gleichen Stärke.

Ich denke da gerne an Ereignisse, die sich häufig vor Weihnachten abspielen: Menschen versuchen mit einer ungemeinen Sehnsucht, Besitz zu vermehren, Dinge zu kaufen und zu besitzen. Sie glauben, sie können sich mit diesen Geschenken Liebe sichern, nicht bedenkend, daß je kostbarer das Geschenk wird, desto mehr Bestechung dahinter steckt.

Die dunklen Nächte helfen uns, die Sehnsüchte noch größer werden zu lassen. Weil wir kaum schlafen, haben wir keine Zeit mehr, in unseren Träumen die Dinge zu bewältigen. Darum wundert es mich nicht, daß die Sehnsucht nach einem Messias anschwillt, nach einem medizinischen Messias. Viele Menschen möchten von ihrer Krankheit, von Krebs beispielsweise, befreit werden. Sie verlangen nach einem Messias der Medizin und wenn das die Medizin selber wäre. Es gibt zur Zeit einen Glauben, der meint, man könne sich einen persönlichen Messias ersparen, wenn es der Medizin gelänge, alle menschlichen Körperteile zu ersetzen. Wenn es gar nicht mehr geht, wird man die Menschen klonen.

Das sind die Hintergründe für einen neuen Messianismus. Andere sehen natürlich in der ganzen Kommunikationswelle oder in der Psychologie einen neuen Messias. Mich wundert nicht – ich will das gar nicht negativ sehen –, daß diese Dinge dann einen pseudo-religiösen Anstrich bekommen.

Die Menschen gehen zwar immer seltener zur Messe, gestalten aber dafür andere Bereiche religiös aus?

Bis hin zum Sport. Bei sportlichen Feiern, beim Beginn einer Olympiade oder einer Weltmeisterschaft, werden eigentlich Gottesdienste abgehalten, mit Phänomenen wie sie in einem schönen katholischen oder griechischen Gottesdienst vorkommen, mit Altarsformeln, Segensformeln und Hymnen. Das heißt, bei aller Abgeklärtheit und Nüchternheit bleiben all diese Sehnsüchte erhalten.

Man könnte diese Sehnsucht an jenen Quellen überprüfen, wo die richtige Sehnsucht zu Hause beziehungsweise das Ziel dieser Sehnsucht ist. Ich habe Israel, das Heilige Land immer unter diesem Aspekt verstanden. Daß dort eine Luft ist, mit der man diese Dinge ein bißchen einsaugen kann. Nicht umsonst ist in dieser Gegend der absolute Ein-Gott-Glaube entstanden, wie er später im Islam seinen Höhepunkt findet, in dem sich komprimiert, was bei uns vorhanden ist – der Glaube an einen absoluten Gott. Während bei uns eine gemilderte Messias-Idee vorhanden war und wir dann glücklicherweise in Jesus Christus den Messias gefunden haben, durch den die tödliche Spitze des Lebens abgebrochen wurde.

Man kann in Israel nach wie vor spüren, was Auferstehung sein könnte: die Befreiung des Menschen aus all seinen Zwängen. Wir finden dort alle Symbole der Bibel, die Steinplatten etwa. Sie zeigen, daß der Mensch in Beschwernissen lebt, daß er sich aber nach einer Befreiung sehnt.

Man ist dort an einem Ort, wo die Befreiung geschehen ist. Dazu kommt noch, wenn man Jesus von Nazareth sehr mag, daß man dort gehen möchte, wo er gegangen ist. Um an sich selber verspüren zu können, wie entscheidend eine Landschaft auf einen Menschen wirken kann.

Am See Genezareth fühlt man sich erleichtert, genauso wie am Toten Meer: Obwohl dort alles scheinbar tot ist, ist die Luft unheimlich rein. Keine Motorboote verpesten sie. Es ist fast das, was man in Beethovens Oper Fidelio gegen Ende singt: »Oh welche Lust, den Atem frei zu heben.« Das, was es wirklich ist, ist unausgesprochen und unaussprechlich. Aber man spürt es, wenn man auf den Höhen steht, am Berg Tabor, von dem man sagt, er könnte der Berg der Verklärung sein; dann spürt man etwas von diesem Geist der Freiheit.

Gibt es dort einen besonders beeindruckenden Ort für Sie?

Es gibt eine Stadt, die mich nach wie vor zutiefst beeinflußt, genauso wie die christlichen Stätten. Sie liegt im Norden und heißt Safed. Wenn man sich ein bißchen mit dieser Stadt einläßt, spürt man den Geist der frühen Christen. Es lebten dort interessanterweise immer Männer und Frauen, die diesen Geist weitertragen konnten. Ein alter Rabbi, eigentlich ein Rechtsgelehrter, Josephus

Karo, schrieb in der Nacht mystische Gedichte – wie viele Männer, die in diesem Oberen Galiläa, wo Jesus aufgewachsen ist, eine Geistigkeit auszustrahlen imstande waren. Jene Mischung aus nüchterner Betrachtung des Lebens, Lebenstüchtigkeit, aber auch einer gewissen Mystik. Ich habe auf einem Kalenderblatt gelesen: »Schau' nach den Sternen, gib' aber acht auf die Gassen.« Damit ist sehr gut getroffen, was man in Israel heute tagtäglich erleben kann: Man muß sehr gut auf den Gassen aufpassen, aber man wird dann belohnt für das zu Boden schauen mit dem, was sich am Abend am Sternenhimmel auftut.

Und es ist nach wie vor ein Land, in dem man sein kann, wenn ein Leben ganz ausgereift ist, oder wenn es sogar bereit ist, in den Tod zu gehen. Um es dann gegen eine Unsterblichkeit auszutauschen. Bis auf den heutigen Tag ist Jerusalem eine Stadt geblieben, in der ich sterben kann. Aber wo das Sterben nicht jene grausame Rolle spielt, die es sonst in einem westlichen Leben spielt.

Als Zentrum der Christenheit gilt ja Rom, aber eigentlich wäre es doch das Heilige Land, wenn ich Sie richtig interpretiere?

Das Zentrum der Christen ist nach wie vor Jerusalem. Das Zentrum der katholischen Kirche ist Rom. Das kommt daher, daß offenbar jemand von

Galiläa bis nach Rom gekommen ist, kommen mußte, weil Rom damals eine zentrale Rolle gespielt hat. Das haben Petrus und Paulus erkannt, und deshalb kamen beide nach Rom.

Ich glaube, nirgends zeigt sich so wie in Rom die ewige Auseinandersetzung zwischen dem Recht und der Interpretation des Lebens in Liebe, wie es Jesus von Nazareth gebracht hat. Aber das wird wahrscheinlich bis zum Ende der Welt so sein. Erst dann werden wir wissen, was wahre Gerechtigkeit ist.

Ein gläubiger Moslem sollte einmal in seinem Leben in Mekka gewesen sein. Würden Sie gläubigen Christen auftragen, einmal im Leben ins Heilige Land zu reisen?

Ich möchte es nicht so sagen. Obwohl ich weiß, daß es für ein Leben eine unheimliche, entscheidende Bereicherung ist, nach Jerusalem zu gehen. Wir wissen von Heiligen, der heilige Franz von Assisi zum Beispiel, die in Jerusalem waren – also Menschen, die große Bedeutung gehabt haben, im Verständnis der Heiligen Schrift weitergekommen sind. Es hat aber genauso viele Heilige gegeben, die nicht in Jerusalem waren. Der heilige Augustinus war nie im Heiligen Land.

Wenn man das Glück hat, dorthin reisen zu können, erfährt man eine Bereicherung, die man nicht messen kann, weder in Graden der Intensität noch in Graden der Wertigkeit. Diese Erfahrung ist so wertvoll, daß man sie nicht beschreiben kann. Es kann aber auch zum Gegenteil führen. Es gibt Menschen, die in Israel waren und es hat ihnen nichts bedeutet. Weil sie vielleicht selber nicht disponiert waren oder weil sie Erlebnisse hatten, die sie sehr gestört haben. Ich kann mich selber an meinen ersten Besuch erinnern. Ich war damals schockiert, als ich das erste Mal die Grabeskirche betreten habe, weil dort mit Frivolität abkassiert wurde. Ich war in einem Alter, in dem man diese Dinge kritisch sieht. Ich war danach sogar der Überzeugung, wenn man einen starken Glauben hat und man will ihn verlieren, dann muß man nur nach Betlehem oder Jerusalem gehen.

Inzwischen habe ich mich aber an diese Dinge gewöhnt. Wenn man die Dinge kennt und weiß, was gespielt wird und wie sich das Ganze historisch zusammensetzt, wird man milde. Man kann nicht mehr so urteilen, wie man urteilt, wenn man frisch geweiht als Theologe und als Kaplan, ein bißchen links gerichtet, die Dinge betrachtet. Es ändert sich, weil man nicht nach der Äußerlichkeit fragt, sondern fragt: »Was kann ich hier für meinen Glauben gewinnen?« Und da kann man eben im Heiligen Land alles lernen. Man kann sehen, wie man bettelt, wie man mit dem Geld umgeht oder nicht umgeht, aber man kann auch erfahren, mit welcher Geradlinigkeit und Klugheit die Menschen miteinander auskommen, wenn sie wollen – ob das nun Araber, moslemische, islamische oder christliche Araber, Christen aus dem Westen, Christen aus dem Osten oder Juden sind. Wenn sie alle ihre Religion richtig verstehen, verstehen sie es, miteinander zu reden.

Christus ist ja nicht als politischer Retter gekommen, obwohl bestimmte Reden und Lehren wie die Bergpredigt sicher politisch zu sehen wären.

Ich glaube, daß er gekommen ist, damit wir an seinem Leben sehen können, wie das Leben gut zu leben ist. Wer die Fähigkeit hat, ein bißchen von dem anzunehmen, der kann es leben. Nur: Unser Hirn ist noch nicht so weit, geschweige denn unser Herz, es voll zu erfassen. Es gibt noch zu viele Hemmnisse. Ich möchte hier nicht unbedingt der Revolutionstheorie das Wort geben, aber der Evolutionstheorie. Alles entwickelt sich zu Geistigerem hin. Vom Tierischen zum Körperlichen und dann zum Geistigen.

Unser Leben ist noch sehr fleischlich: Wir denken sehr körperlich, in Kategorien des Sammlers und des Jägers, obwohl unsere Geräte subtiler geworden sind. Hinter diesen Geräten steckt dieselbe Grausamkeit. Wenn jemand in einem Abfangjäger sitzt, muß er nicht schauen, daß er zu Fleisch kommt. Aber er jagt Menschen. Oder jene, die meinen, man könne für das Gute über Leichen gehen. Sie sind auch Jäger.

Aber ich bin voller Zuversicht. Die Jugendlichen werden es besser machen müssen, die Generationen nach uns. Wir waren offenbar noch nicht fähig dazu, obwohl es mehr Menschen gibt, die radikal zum Frieden stehen. Aber die Welt der Aggressionen ist noch zu stark und zu groß, als daß man sagen könnte, wir hätten begriffen, was Jesus von Nazareth gewollt hätte und wie er gelebt hat.

Nun suchen ja viele Menschen das Heil auf ihre Weise, und viele finden es in Sekten. Wie erklären Sie sich, daß ein Teil der Menschen in bestimmten Sekten ihre Erfüllung finden, aber nicht in der Kirche?

Das ist eine heiße Diskussion, die man jetzt anzetteln könnte. Ich habe mich in der Welt umgeschaut, und ich verstehe einiges von den Sekten, zumindest von den Gläubigen, die dort sind. Weniger verstehe ich die Methoden, die jene gebrauchen, die die Organisation einer Sekte in Händen halten. Der erste und größte Vorteil einer Sekte ist, daß sie klein ist und daß nur wenige Gleichgesinnte beisammen sind, wo man den einzelnen quasi privat betreuen kann. Man spürt untereinander mehr Herzlichkeit. Das scheint mir das Wichtige an den Sekten zu sein. Was mir wenig gefällt, ist, in welcher Art und Weise letztlich mit den Gläubigen umgegangen wird. Ich wäre für jede Sekte zu haben, wo man sagt, sie will wieder zurück zu den Quellen. Man will wieder das, was Jesus von Nazareth wollte, unters Volk bringen, ja herzlicher unters Volk bringen. Nun sehe ich aber in diesen Bewegungen und Organisationen Managementüberlegungen, wie man die Menschen regieren kann, und nicht wie man ihnen den Weg zu Gott öffnen oder zu einem tieferen Glauben verhelfen könnte. Es gibt dort oft sehr ängstliche Gläubige, die an den Ecken stehen und ihre Zeitungen anbieten, aber das alles ist auf ein Gericht fixiert, bei dem man erwartet, man wird auserwählt. Also tut man alles, was die Führer einem sagen, damit man zu diesen Auserwählten gehört.

Solange sich der Mensch in seiner Psyche verletzt fühlt, wird es in der Religion diese Ausformungen geben, ja geben müssen. Weil sich der Mensch in gewissen Phasen des Lebens Dingen zuwendet, von denen er meint, sie stützen ihn, sind vertrauenswürdig oder anbetungswürdig. Und darum sind am Anfang immer viele Jugendliche dabei, ob das nun Hare Krishna ist oder andere Gemeinschaften.

Viele Sekten versprechen den Himmel, der bereits auf Erden in diesen Gemeinschaften errichtet wird. Währenddessen die katholische Kirche auf das Himmlische vertröstet und den Himmel nach unserem Tod verspricht.

Man kann den Himmel nicht versprechen. Letztlich muß man ihn sich selbst erarbeiten. Ich glaube, das ist der große Trost, daß man nicht einfach sagt: »Tu, was Du willst, Du kommst ja ohnedies in den Himmel.« Die Wahrheit ist die, daß im Tod die Auseinandersetzung ist und ich im Tod weiß, wo ich mich hinwende. Im Tod erfahre ich die Befreiung und nicht durch ein System, das mir vorher etwas verspricht oder nicht verspricht. Man könnte ja sagen, es gibt Sekten, die den Himmel mehr versprechen als wir Katholiken.

Denn bei uns war immer auch eine gewisse Drohung vorhanden. Es könnte genauso mißlingen. Ich glaube sogar, daß einige Abstufungen des katholischen Glaubens mit der Angst operiert haben – bis auf den heutigen Tag – oder ein finanziell und wirtschaftlich sehr kluges System entwickelt haben. Im Gegensatz zu dem, was Christus sagt: »Ihr werdet Arme immer um Euch herum haben.« Aber: »Selig sind die Anspruchslosen.« Das Scherflein der Witwe wiegt bedeutend mehr als das scheinbar große Opfer, das einige Millionäre im Tempel darbringen.

Stichwort »Auserwählt«: Es ist für einen Nichtglaubenden oder einen Nicht-glauben-Könnenden nicht faßbar, wenn ich gegen den Himmel schaue und mir die Millionen Sterne anschaue, daß gerade wir die Auserwählten Gottes sein sollen?

Das frage ich mich auch. Wir sind deshalb die Auserwählten, weil wir draufgekommen sind, daß wir es sind. Wir können nicht nur reden, sondern auch schreiben und lesen. Und so hat sich der Mensch gesagt: »Ja, ich bin wer.« Mich haben die Psalmen sehr interessiert, vor allem jene aus dem Volk Israel. Da gibt es die Messias- und Königspsalmen, die beide Dinge enthalten: Es wird der Mensch oder David als der König und der Sohn Gottes gepriesen. Es heißt dann: »Was ist der Mensch, daß Du seiner gedenkst, oder daß Dir Adams Sohn am Herzen liegt?« Später heißt es jedoch: »Aber Du hast Dich nur wenig unter Gott gestellt.« Das bedeutet, im Menschen ist immer beides enthalten. Er kann an sich das Göttliche erkennen.

Ich habe gerade dieser Tage ein interessantes Gespräch mit einem jungen Mann geführt, der als Fahrer eines Krankenwagens gearbeitet hat. »Wir Menschen sind die Götter,« sagte er, »wir bräuchten eigentlich keinen Gott.« Und es stimmt tatsächlich. Wenn man das menschliche Hirn ausschaltet oder wenn wir damit nicht denken könnten, gäbe es auch keinen Gott – jedenfalls jenen Gott nicht, den wir uns vorstellen können.

Nun ist es diesem nicht gedachten Gott aber egal, ob wir ihn denken oder nicht. Es ist einfach so, daß wir Menschen uns ein Bild von Gott machen, obwohl er den ganz klugen prophetischen Menschen gesagt hat, es sei nicht gut, sich von ihm ein Bild zu machen. Es genüge zu wissen, daß es ihn gibt. Und so sehe ich auch die heutige Auseinandersetzung der Theologie mit einer scheinbar ungläubigen Welt, wo ich das »ungläubig« nicht akzeptieren kann. Das Unmöglichste ist das Nicht-Glauben.

Man soll sich kein Bild machen von ihm. Oder wenn, dann sollte es so aussehen wie Jesus Christus. Deshalb hat er sich ja in Menschengestalt gezeigt.

Genau. Ich glaube eben, daß die erkennbare Seite Gottes dieser Jesus von Nazareth ist. Man kann sie natürlich ganz besonders gut verstehen, wenn man ihren Spuren folgt, dort, wo Jesus selbst erschienen ist. Man wird dann die Farben besser verstehen, die das Bild hat, und die Schattierungen und die Musik, die in einem solchen Bild liegen. Und darum sagt man, wir sind die Auserwählten, weil wir dieses unheimliche Glück haben, Jesus von Nazareth als die Ikone Gottes zu erkennen und seinen Verweis zu begreifen, daß alles sinnlos ist, wenn man es nicht im Willen des Vaters tut. Das ist die Kurzformel in Jesus von Nazareth.

Von den Heiligen und vom Himmlischen auf Erden

Gibt es Heilige, die Ihnen persönlich viel bedeuten; gibt es vielleicht sogar so etwas wie einen persönlichen Heiligen?

Man wird mich für kitschig halten, aber in der Beziehung bin ich bei all meiner Nüchternheit und Kritikfähigkeit schizophren, ich bin nämlich von Heiligen überzeugt. Ich bilde mir ein, daß ich zu einigen von ihnen ein sehr persönliches Verhältnis habe.

In meiner Ministrantenzeit hat man uns den heiligen Tarcisius vorgestellt; das war ein junger Bursche, ein Ministrant, der mit einer römischen Toga bekleidet war, die ähnlich wie unser Chorsängerkleid war. Man hat uns beigebracht, daß Tarcisius ein ganz tapferer Bursche war, der sein Leben lassen mußte, weil er Christus gekannt hat.

Später sind die Heiligen aus meinem Leben gewichen, bis zu meinem achtzehnten Lebensjahr war ich von Menschen fasziniert, die etwas bewirkt haben. Es gab damals einen Arbeiterpriester in Belgien, Josef Cardijn, der später Kardinal wurde. Er hat die christliche Arbeiterbewegung gegründet. Er war einmal in Österreich, in Mariazell, und ich war unter den vielen Jugendlichen, die sich dort getroffen haben. Ich war von diesem Mann fasziniert, weil er so eingenommen war von der Idee, daß das Leben des Arbeiters ein wertvolles Leben ist und daß Arbeit adelt. Das war ein ganz neuer Aspekt. In den 50er und 60er Jahren gab es in der Jugend von Österreich eine Bewegung, die von diesem Mann und seiner Idee getragen wurde.

Leopold Kunschak war einer der Menschen, die mich zur Arbeiterjugend gebracht haben. Es hat mich ganz besonders gefreut, daß ich später den Leopold Kunschak-Preis bekommen habe. Das war ein Geschenk, weil es mich in einer Richtung getroffen hat, die ich immer einschlagen wollte, nämlich zuerst einmal für jene dazusein, die sich ein bißchen aus der Kirche entfernt haben, ohne daß sie eigentlich selber gehen wollten, sondern weil sie auf einmal an den Rand gedrängt waren.

Die Welt der Arbeit ist eine von Gott gewollte. Die Arbeit ist es, die die Welt vorantreibt. Die Arbeit kann den wahren Vorzügen des Menschen und der Mitarbeit an der Schöpfung dienen.

Sind Sie auch auf Ihrem späteren Lebensweg Heiligen begegnet, deren Leben Sie fasziniert oder beeinflußt hat?

Während ich Theologie studiert habe, bin ich natürlich den Heiligen wieder begegnet. Ich habe mich ein bißchen mit der Geschichte der Heiligen beschäftigt – und auf einmal erkennt man Züge von ihnen an sich selbst.

Eine Zeitlang, als ich noch in der Arbeiterjugend war, hat Don Bosco eine große Rolle für mich gespielt, dieser Turiner Heilige, der sich im letzten Jahrhundert sehr der jungen Menschen in den Elendsvierteln Turins angenommen hat: Er war bereit, viel Kummer und Sorgen auf sich zu nehmen, um im Aufkommen der Industrialisierung und des Kapitalismus auf der Seite dieser Kinder zu stehen.

Später haben sich Heilige durchgesetzt, die freundliche Vermittler der Botschaft Jesus waren. Zum Beispiel Philipp Neri, ein römischer Heiliger, der sich, wenn er sich entscheiden mußte zwischen innerkirchlicher Betriebsamkeit und Zuwendung an die Menschen, immer für die Menschen entschieden hat.

Als ich in Spanien studiert habe, kam ich mit der spanischen Mystik in Berührung und ich wurde ein Verehrer der Teresa von Avila. Sie ist es, die sich seit Anfang der 60er Jahre bis heute bei mir festgehalten hat. In Zusammenhang mit ihr habe ich den Zugang zu den Werken und zum Leben des Johannes vom Kreuz gefunden, der im Umfeld seiner Mitbrüder eine ganz unselige Rolle spielen mußte. Es wird berichtet, daß sie ihn zum Beispiel beim Mittagessen als Tanzbär benutzt haben oder ihm das Essen in einer Schüssel auf den Boden gestellt haben, und er mußte wie ein Hund essen. Es handelte sich um Karmeliter. Ich habe dann gesehen, daß dieser Mann durch sein Schreiben zu einem Glauben gekommen ist, der in jeglicher Dunkelheit Bestand hatte, dem selbst die Verzweiflung, die ihn tagtäglich befallen hat, im Grunde genommen nichts mehr anhaben konnte.

In einer späteren Entwicklung bin ich auf den heiligen Franz von Sales gestoßen, Bischof in Frankreich und in Genf, der interessanterweise von der katholischen Kirche als Gegenreformator gegen Calvin eingesetzt wurde. Wenn ich die Werke dieses Mannes betrachte, ist für mich das Faszinierendste, mit welchem Humor und mit welchem Fleiß er versucht hat, einen katholischen Jesus – ich verstehe »katholisch« im griechischen Sinn, wo es übersetzt heißt »umfassend, allgemein« – zu präsentieren, also das Wort Gottes für jeden, der es hören wollte. Er hat mich vollends mit seinem Satz »Man fängt mit einem Tropfen

Honig mehr Fliegen als mit einem Faß voll Essig« eingenommen. Dieser Ausspruch von ihm hat mein pastorales Wirken bestimmt. Wir können den Menschen nicht nur mit Süßigkeit begegnen, aber wer »Honig« richtig versteht, weiß, daß er nicht nur süß ist, sondern daß da herbe Untertöne dabei sind, diese verbessern den Atem und lösen den Schleim und all die Dinge, die einem zum Hals heraushängen.

Ich bin mir bewußt, daß es im täglichen Leben viel Heiligkeit gibt, vor allem auf dem Feld der Solidarität mit den Leidenden. Und es gibt Menschen, die ihre ganze Kraft zur Verfügung stellen, um anderen das Leben zu erleichtern, ihnen einen leichteren Weg zu Gott zu öffnen, damit diese sich nicht nur als Bestrafte und Benachteiligte vorkommen, sondern vielleicht nur ein bißchen als auserwählte Kinder. Es existiert ein Heer von nicht heiliggesprochenen Heiligen. Das Schöne ist, daß das Menschen sind, von denen wir annehmen dürfen, daß sie ihre Heiligkeit niemals betonen würden. Sie überlassen ihre Heiligsprechung anderen, und das ist ein untrügliches Zeichen für Heiligkeit, wenn man sich zurücknimmt, aber trotzdem mit dem, was man tut, anderen zeigt, daß in der Grammatik das Du und das Wir großgeschrieben werden und das Ich ein bißchen kleiner.

Was ist ein Heiliger? Ein Heiliger ist doch zunächst einmal ein ganz normaler Mensch, der eine Gotteserkenntnis hat?

Wir haben zum Teil einen falschen Begriff von Heiligen. Der heilige Antonius von Padua ist meiner Ansicht nach einer der verkanntesten Heiligen; ein unheimlich vitales Menschenkind aus Portugal, der sich als Lediger, als Gefangener zur Verfügung stellte, damit er Verheiratete befreit, und der zufälligerweise durch einen Sturm nicht in Nordafrika landete, wo er ins Gefängnis kommen sollte, sondern in Italien, und dann zu den Franziskanern stößt und dort einer der ganz großen Nummern wird, umgeben mit Lilien, mit dem Augenaufschlag eines Hollywoodstars. Dabei war er ein heißblütiger Mensch, der bereit gewesen wäre, für die Ehre Gottes sein Leben jeden Tag aufs Spiel zu setzen, ein den Menschen in der ganzen Schöpfung zugeneigter Mensch.

So wie es immer wieder Frauen gegeben hat, die sich mit unheimlicher Kraft sozial engagiert haben, wie die heilige Hedwig oder die heilige Elisabeth von Thüringen – sozial privilegierte Menschen, die auf einmal erkannten, daß ihre Aufgabe nicht die Repräsentation ist, sondern das Engagement für diejenigen, die sie wirklich brauchen. Sie haben sich selbst als Beschenkte erkannt. Das ist das Geheimnis der Heiligkeit, daß man in der Freude und im Wachsen des anderen sein eigenes Glück findet. Alles andere ist eine Sache Gottes.

Demnach wäre Heiligkeit für uns alle erreichbar?

Für jeden von uns, jeder kann auf seine eigene Art und Weise heilig werden, wenn es ihm gelingt, das, was Gott ihm als Gabe geschenkt hat, zu benützen. Deshalb ist jeder Einzelne auf dem Weg zur Heiligkeit, um jetzt ein bißchen mit der Teresa von Avila zu reden. Es gibt von ihr ein fürbittendes, aber sehr zorniges Gebet: »Schau, ich tue ja alles für Dich, nur hätte ich gern gewußt, was ich tun soll? Ich gehe gerne zum Ölberg, aber ich gehe auch gerne zur Hochzeit von Kanaa, nur wäre es nicht schlecht, wenn ich wüßte, wohin ich gehen soll? Ich werde mich für die Armen einsetzen oder für meine Schwestern, aber sage mir, was ich tun soll!« Sie hat im Laufe ihres Lebens immer mehr verstanden, was sie, gegen alle Widerstände, tun muß. Zum Schluß ist sie zu der Erkenntnis gelangt, daß man nichts wollen soll, und in ihrem Gebetbuch hat man den Satz gefunden: »Nichts soll Dich erschrecken, nichts möge Dich durcheinanderbringen, denke daran – Gott allein genügt.«

Es ist für die meisten Menschen nicht möglich, so weit zu kommen, aber Teresas Haltung zeigt, daß es gar nicht notwendig ist, viel zu sein oder zu besitzen, sondern daß es genügt, daß man sich an Gott anhängt. Für mich besteht die Heiligkeit in der Erkenntnis, daß ich mir von Gott mehr erwarten kann als von allen anderen Dingen der Welt. Und je leerer ich bin, um so mehr kann er mich füllen. Das ist das Geheimnis von Johannes vom Kreuz gewesen, das Geheimnis der Teresa von Avila, und sicher auch von Franz von Sales – obwohl bei ihm weitere Aspekte, vor allem die Solidarität, zur Heiligkeit dazu kommen.

Charles de Foucault, der Gründer der kleinen Brüder und Schwestern, hat sein Ziel in der Kleinheit und in der Hilfe für die Minderen gesehen. Ein Weg zur Heiligkeit ist die Solidarität mit den Leidenden, mit den Armen. Je spontaner man das tun kann, um so besser ist es. So wird es immer die karitativen Heiligen geben, und es wird jene geben, die uns beibringen, daß ein bißchen Abschied von dieser Welt erstens weniger Angst vor dem Tod bringt und zweitens viel Hoffnung, daß all das, was man hier tut, wirklich einen Sinn findet.

Für mich bedeutet der Begriff Himmel, daß wir sehen, was in unserem früheren Leben wirklich wert war, in Ewigkeit verwandelt zu werden.

Im Evangelium sind die Posten angegeben. Dort gibt es ganz deutliche Heiligsprechungen durch Jesus.

Sie meinen die Seligpreisungen?

Ja, und die Stellen bei Matthäus, Lukas und Markus, wo es heißt: »Ich war hungrig und Du hast mir etwas zu Essen gegeben, ich war nackt und Du hast mich bekleidet, ich war im Gefängnis und Du hast mich besucht.« Es heißt dort natürlich raffiniert, sie werden ihm sagen: »Wann haben wir Dich im Stich gelassen?« und er antwortet darauf: »Was Ihr den Geringsten getan habt, das habt Ihr mir getan.« Wenn es das, was wir Himmel nennen, gibt, werden dort jene als Portier stehen und uns die Wohnungen zuteilen.

Können wir den Himmel schon auf Erden errichten?

Teilweise und kurzfristig, indem wir miteinander essen, indem wir anderen ermöglichen, daß sie miteinander essen und trinken, und indem wir durch diese Übungen uns selber schöne Stunden bereiten. Der Himmel ist immer dann vorhanden, wenn es sich um Glück handelt, von dem man annehmen kann, daß es andauert. Dies ist zum Beispiel die Freude, die man einem anderen bereiten kann. Das ist meiner Ansicht nach auch das

Geheimnis von Weihnachten. Gott wird Mensch, damit wir nicht unserer Menschlichkeit nachtrauern, und damit wir erkennen, daß wir daraus etwas machen können und daß mit der Geburt des Menschen seine Entwicklung beginnt und nicht sein Abstieg. Gott nimmt in dem Zusammenhang eine dreifache Position ein. Er hat uns ja nicht nur geschaffen – offenbar wollte er, daß wir da sind.

Ich denke mir oft, daß es bei meinem Entstehen tausende Möglichkeiten gegeben hat; ausgerechnet mein Same hat gesiegt. Hinter diesem Zufall steckt sicher eine Absicht. Das heißt also, daß Gott wollte, daß ich gewinne. Ich bin jetzt 62 Jahre alt – also wollte er, daß ich nicht nur eine Eintagsfliege bin, sondern daß mein Leben ein bißchen dauert.

Was ich sicher in bezug auf meine Kindheit und meinen kindlichen Glauben sagen kann, ist, daß ich stets eine Förderung durch die Mächte von oben verspürt habe, was meinem Leben eine gewisse Freude gibt. Ich weiß, daß das Ganze, so wie ich es verstehe, in Liebe enden wird. Das heißt also, es ist nicht nur eine Schaffung oder Erhaltung, sondern es endet in Liebe.

Sind Sie Menschen begegnet, die Sie in Ihren Einstellungen unterstützt haben?

Ja.

Es gibt aber auch Menschen, die solchen Menschen nicht begegnen.

Darum sage ich ja, ich fühle mich fast zu beschenkt.

Gibt es nicht heute, vor allem in großen Städten, immer mehr Menschen, die überhaupt keinem mehr begegnen, der sie unterstützt, ihnen hilft oder ihnen auch nur zuhört? Im Film »Falling Down« beginnt der von Michael Douglas gespielte Protagonist nach mehreren Fehlschlägen in seinem Leben und aus einem banalen Grund Amok zu laufen; in seinem ganz normalen Alltag bricht der Wahnsinn aus. Der vermeintliche Briefbombenattentäter Franz Fuchs ist eine durchaus ähnliche Figur. Vielleicht sind das aber auch Leute, die ganz andere Menschen geworden wären, hätte es Stationen in deren Leben gegeben, wo sie die richtigen Leute getroffen hätten?

Ich tu' mir so schwer mit der Frage, warum es manchen Menschen verbaut ist, diesen Zusammenhang zu erkennen. Natürlich kann man sich da hinausreden und sagen, es gibt keinen Gott, und dann sind es ganz einfach die Dinge des Lebens und die Zufälle des Alltags, die uns bestimmen, und ich bin irgendein kleines Sandkörnlein im Getriebe einer Welt, die dauernd am Explodieren ist und daher am Wachsen und am

Zerstören. Wenn man aber in einer Welt lebt wie ich, in der man den Glauben bewahren will, den Glauben an sich selber, den Glauben an die Menschheit, den Glauben an Gott, dann trifft es einen, wenn das anderen Leuten nicht gelingt.

Ich weigere mich aber, diese Menschen für schlecht zu halten. Ich subsumiere diese Dinge in Unbegreiflichkeit und würde meine ganze Toleranz für sie einsetzen. Vermutlich werden Dinge dieser Art in Zukunft zunehmen. In manchen Gehirnen erwachen Frustrationen und Aggressionen. Ich kann aber nichts Negatives daran sehen, wenn sich ein Jugendlicher an seinen Computer setzt und sich bei PC-Spielen abreagiert. Er geht jedenfalls nicht hinaus und rächt sich an den anderen für seine Einsamkeit.

Meine wirklich ganz große Sorge für die Zukunft ist die, daß dieses Phänomen der Einsamkeit, die als immer bedrängender empfunden wird, in eine Verlorenheit und Verwirrtheit ausartet. Es sollte ein großer Aufruf für alle Zeiten erschallen, damit sich die Menschen in Gemeinschaften zusammenschließen, um vor dieser verheerenden Krankheit der Gesellschaft bewahrt zu bleiben.

Aber die Einsamkeit nimmt zu.

Ja, die nicht bejahte Einsamkeit.

In der Großstadt kennt man die Fernsehfamilie besser als den Nachbarn von nebenan.

Jedes Jahr steigt der Prozentsatz der Menschen, die sich am Wochenende gelangweilt fühlen, was natürlich eine große Chance für die Medien, Unterhaltungsindustrie und Vergnügungstempel ist. Ich kann mir dadurch gefühlsmäßig etwas aufbauen, das ähnlich wie Gemeinschaft ist. Vielleicht kann ich mich durch diese Tatsache sogar retten. Und wahrscheinlich tun wir uns in diesem Durcheinander von Einsamkeiten schwer, andere zu finden, außer man hat ein gemeinsames Ziel.

Ich sehe heute den Glauben so, daß er am besten in kleinen Gemeinschaften, die dasselbe wollen, bewahrt und gelebt wird. Da bestimmt man wenigstens die Zielrichtung miteinander. Damit wären wir wieder beim Anfang. Es ist dies der Begriff des Lebens als Advent. Wir sind immer auf der Reise; daß jemand ankommt, der versteht, aber auch daß wir unterwegs sein müssen, daß wir zumindest auf den Bahnhof gehen müssen, damit wir denjenigen abholen können. Diese Bewegung ist von uns gefordert, wenn wir uns gegen tödliche Dinge der Zukunft wehren wollen. Wir werden Tote sein, obwohl wir alle leben, in der Hand ein Druckwerkzeug, das uns eine Welt vorspiegelt, in der wir uns glücklich fühlen, ohne es zu sein.

Vermutlich hält der Glaube im Leben, wenn man in all diesen Strukturen der Gemeinsamkeit und ebenso der Einsamkeit soweit reift, daß man nicht nur auf ein menschliches Du angewiesen ist, sondern daß man dieses Du als Gott anerkennt.

Für all die Einsamen, aber auch für alle anderen stellt sich die Frage: Was ist der Sinn meines Lebens?

Die Antwort ergibt sich aus dem, was ich für die Gemeinschaft tue. Ich habe schon bei vielen Witwen oder Witwern beobachtet, daß die sich nach dem Verlust des Partners nicht einmal mehr in der eigenen Wohnung zurechtgefunden haben, weil ihr Hauptgegenstand gefehlt hat. Aber später, nachdem sie sich wieder in eine Gemeinschaft hineinbegeben hatten oder irgendwo mitarbeiten beziehungsweise selber etwas bewegen konnten, was der Gesellschaft gut getan hat, waren sie gerettet. Es gibt zwar nur noch Abende allein, weil der Geliebte nicht mehr da ist, aber man ist nicht einsam.

Ein anderer Weg aus der Einsamkeit ist, wenn man auf Gott zugeht. Nie wird die Einsamkeit so bedrängend und bedrohend empfunden, als wenn man sich Gott annähert. Ernesto Cardenal sagte dazu: »Wenn man sich ins Nichts hineinfallen läßt, tut sich auf einmal das Sein auf.« Das heißt, man erkennt, daß man selber unbedeutend ist, gewinnt aber gleichzeitig an Bedeutung, weil man weiß: Gott ist in mir.

Stammt folgendes Zitat nicht auch von Ernesto Cardenal: »Ich kann noch so tief fallen, ich falle doch in Gottes Hand?«

Ich glaube, das ist von Ignatius von Loyola und bedeutet: Wir können niemals so tief fallen, als daß uns Gott nicht auffangen würde. Davon bin ich überzeugt. Peter Lippert, ein Jesuit, prägte den bedeutenden Satz: »Der Weg zu Gott heißt in seiner steilsten Strecke Einsamkeit.« In zweierlei Sinn ist dieser Ausspruch zu verstehen: Wenn man sich Gott annähert, kann phasenweise eine Abwendung von den Menschen folgen, aber am Ende dieser Annäherung stehen wieder die Menschen. Ich werde mich noch intensiver für sie einsetzen und erkennen, daß jeder, der mich braucht oder der mir seine Freundschaft anbietet, ein gleichrangiges und gleichwertiges Kind des einen Vaters ist. Wir sind alle gleich und brauchen einander – und können einander alles geben.

Wenn es der Kirche gelingt, dieses Angebot zu halten, habe ich keine Angst um sie, auch wenn einige am Rand abfallen. Es wird die Zeit kommen, wo die Menschen an gelebten Beispielen bemerken: Das, was sie ausmacht, ist, an sich selber Menschwerdung zu üben, aber auch Menschwerdung zu verspüren.

Das hat man uns geschenkt. Selbst das kleinste Steinchen ist in dem Zusammenhang wichtig. Es gibt in dem berühmten Fellini-Film »La Strada« eine passende Szene, in der Giulietta Masina sehr an ihrem Zampano zweifelt und ihn verlassen möchte. Sie trifft einen Gaukler, der ihr mit einem Stein in der Hand sagt: »Selbst dieser Stein hat einen Sinn. Und wenn schon dieser Stein, der tot ist, einen Sinn hat, wie sinnvoll ist dann Dein Leben, auch wenn es so schwer ist, und da ein ungelenker Tropf ist, doch Du kannst ihm so viel Gutes erweisen.« – Dahinter steckt Großes: Wenn wir unseren Sorgen einen Namen geben, dann bekommt das Leben einen Sinn.

Von den Erkenntnissen dieses Gesprächs

Ich bin kein Mensch, der zu dem, was er gesagt hat, noch gerne etwas hinzufügt. Als ehemaliger Religionslehrer kenne ich das Gefühl, das einen befallen kann, nachdem man mit Schülern eine Sache besprochen oder diskutiert hat, das Gefühl, daß man dies und jenes noch besser erklären hätte können, dieses »Das-hätte-ich-Dir-noch-sagen-wollen-Gefühl«. Es hat mich allerdings nicht befallen, als ich die Fragen von Martin Zimper beantwortet hatte. Deshalb bin ich der Bitte, für das Buch noch ein »Nach-Wort« zu schreiben, mit gemischten Gefühlen entgegengekommen. Aber vielleicht ist es ganz gut, über jene Gefühle Rechenschaft abzulegen, die mich bei der Unterhaltung mit dem interessierten jungen Medienexperten bewegt haben.

Da war einmal große Freude, weil die neugierigen Fragen meiner Überzeugung entgegengekommen sind, daß der Mensch ein fragendes Wesen ist. Große Philosophen haben demgemäß festgestellt: Cogito ergo sum. Wenn ich für mich und meine Welt des Glaubens spreche, fühle ich mich bei dem Gedanken wohl, daß der fragende Mensch am nächsten an die Geheimnisse des Lebens herankommt, und daß er in den fragenden Annäherungen an die Geheimnisse des Lebens, wenn er nichts mehr erfährt, das Geheimnis als Geheimnis, als große übrigbleibende Frage stehen lassen kann. Er wird nicht mehr vom Verstand bedrängt, alles vom Geheimnis des Glaubens und des Lebens wissen und durchschauen zu wollen. Denken, urteilen und durchschauenwollen gehören zu jener Kategorie Verstand, die schon die kluge und tiefgläubige Teresa von Avila »dem lästigen Narren« zuschrieb.

Daher bin ich im nachhinein der Überzeugung, daß Martin Zimper gut getan hat, mir durch seine geschickte Gesprächsführung nicht Thesen, Lehrsätze oder richtungsweisende Glaubens- und Lebensregeln zu entlockten, sondern daß er sich mit mir auf eine Umkreisung der verschiedenen Themen eingelassen hat, die ihm, die mir und die sicher manchen von uns fragenden und suchenden Christenmenschen am Herzen und auf der Zunge liegen. Fragen, die uns bedrängen, Fragen, die wir lösen wollen – und Fragen, die uns, obwohl sie in uns brennen, uns nicht unglücklich machen, wenn sie nicht vorderhand zu beantworten sind.

Martin Zimper hat instinktiv das getan, was ich

in dieser Zeit, die voller Fragen ist, sehr schätze; er hat erkannt, daß der fragende Weg ein gemeinsamer Weg sein kann beziehungsweise sein muß. Der Weg ist leichter auszumachen, wenn wir ihn miteinander gehen, wenn wir miteinander die Fragen stellen und wenn möglich miteinander eine Lösung suchen. Diese gemeinsame Suche wird und ist für mich ein Hinweis darauf, wie sich eine Zukunft ergibt, in der sich das erfüllen kann, was wir miteinander erfragt und ersehnt und auch woran wir geglaubt haben. Ich wünsche es mir und Ihnen, geschätzter Leser dieser Zeilen, und unserem Glauben, daß viele von uns diesen Weg erkennen und gehen möchten. Den Weg, der ein fragender ist und deshalb viel mitfühlendes Verständnis, viel Toleranz und schlußendlich viel von jener Liebe erfordert, von der Martin Buber sagt, sie bedeute zu wissen, »was dem andern weh tut«; eine Liebe, die weiß, daß sie niemals stirbt, weil sie Gott ist, der alles Leben aus Liebe geschaffen hat. Diese Liebe soll und wird aber, so wie es aussieht, für uns vergängliche Frager und geliebte unvergängliche Wesen ein Geheimnis bleiben. Denn hier »sehen wir uns nur wie in einem Spiegel«, heißt es im ersten Korintherbrief. Dann aber, wenn sich unsere Fragen in Liebe auflösen, werden wir das Geheimnis durchschauen; welches mit einem Glücksgefühl verbunden sein wird, das nicht mehr zu überbieten ist. Dies allein rechtfertigt unsere ständige Neugier und unsere ständigen Fragen nach dem Glück, das noch nicht vorhanden ist.

Ihr August Paterno

Lebenslauf

August Paterno wurde am 31. Juli 1935 als letztes von acht Kindern in Dornbirn, Vorarlberg, geboren. Nach dem Schulbesuch in seiner Heimatstadt legte er 1961 die Matura in Innsbruck ab und begann dort mit dem Studium der Theologie. Ein Jahr seines Studiums verbrachte er an der Universität von Salamanca in Spanien. 1966 wurde er in Feldkirch zum Priester geweiht. Bereits drei Jahre später moderierte er Sendungen im Radio. Ab 1972 trat Paterno regelmäßig im Fernsehen auf, zunächst in der Sendereihe »Christ in der Zeit«, danach beantwortete er die »Fragen des Christen«. Nebenbei drehte er zahlreiche Fernsehreportagen und war Gastgeber der Talkreihe »Paternos Nachtschicht«.

Kaplan Paterno ist Pendler zwischen Wien und Bregenz: In Wien widmet er sich der kategorialen Seelsorge im Medienbereich, in Bregenz betreut er die Pfarre Mariahilf. Er ist aber auch ein Pendler zwischen den unterschiedlichen gesellschaftlichen und sozialen Schichten. Von der »Seitenblicke«-Society bis hin zu Obdachlosen reicht die Palette jener Menschen, die er bewegt. Immer aber sind es Suchende, die ihm, der gefunden hat, zuhören und vertrauen. Seine vielbeachteten Bücher und Zeitungskommentare zeugen von seiner vorurteilslosen Menschenfreundlichkeit. – Und wer Glück hat, kann ihn als Reiseleiter ins Heilige Land oder nach Syrien erleben.

Register

Kabarett zum Nachlesen

Ein Buch für alle, die Hans Peter Heinzls Kabarettprogramme gesehen haben, und erst recht für alle, die sie versäumt haben. Ein satirischer Blick auf Politik und Zeitgeschehen der letzten Jahre - witzig, frech und damals wie heute nur allzu wahr...

AMALTHEA